博学而笃志,切问而近思。
（《论语·子张》）

博晓古今,可立一家之说;
学贯中西,或成经国之才。

复旦博学·复旦博学·复旦博学·复旦博学·复旦博学·复旦博学

复旦博学·经管案例库
ECONOMIC AND
MANAGEMENT CASE LIBRARY

资本运作
理论、实务与案例精编

CAPITAL OPERATION
THEORY, PRACTICE AND CASE REFINEMENT

李经纬　编著

复旦大学出版社

内容提要

本书着重展示与分析了资本运作的实战案例,还对相关理论和实务知识进行了精炼与讲解,同时在最后一篇对专业知识、专业技能之外的必备素质进行了总结与强调。作为本书重点内容的案例大部分选自资本市场有重要影响且操作手法高超、精妙的经典资本运作实战案例;为了警示从业者,促进其形成正确审慎的从业观,本书还选取了少部分具有巨大影响力的反面案例进行分析。所选案例对于读者专业知识的积累、合法合规精神的形成及专业技能与智慧的提升都有重要价值。为了使读者能够更好地学习与理解案例,我们安排了"案例简介""案例分析""案例总结"以及"术语解析"四个部分。为了引导读者掌握案例的核心内容,我们还在每个案例复盘的末尾安排了"思考与分析"习题。

前言

资本运作是指以利润最大化和资本增值为目的,以价值管理为特征,利用资本工具及资本本身的技巧性运作,实现资本以小变大、以无生有的资本经营方式。资本运作丰富多彩、奇妙精深,被公认为投资银行中最具技术含量与智慧的专业领域。

本书着重展示与分析了资本运作的实战案例,但是为了使读者能更好地理解资本运作案例,掌握资本运作操作方法及形成资本运作的可靠能力,本书还对相关理论和实务知识进行了精炼与讲解,同时在最后一篇对专业知识、专业技能之外的必备素质进行了总结与强调。作为本书重点内容的案例大部分选自资本市场有重要影响且操作手法高超、精妙的经典资本运作实战案例;为了警示从业者,促进其形成正确、审慎的从业观,本书还选取了少部分具有巨大影响力的反面案例进行分析。所选案例对于阅读者专业知识的积累、合法合规精神的形成及专业技能与智慧的提升都有重要价值。为了使阅读者能够更好地学习案例,我们安排了"案例简介""案例分析""案例总结"以及"术语解析"四个部分,目的就是使得阅读者能够更好地理解案例。为了引导读者掌握案例的核心内容,我们还在每个案例复盘的末尾安排了"思考与分析"习题。

我们希望读者通过对本书的阅读与学习,能够掌握资本运作的相关专业知识及专业技能,并能够观察资本市场上的各种资本运作现象,同时能够进行实际的资本运作实战操作。提升专业智慧是本书的核心目标。总之,本书的内容构成及框架结构扎根于资本市场一线实战,是对丰富的资本运作实践活动分析、归纳、总结的结晶。本书主要供从事资本运作的专业人士或拟从事资本运作的人士学习参考,也可作为高校投资、投行类专业的本科生及研究生的教材使用,其他感兴趣的人士也可阅读参考。

本书由李经纬博士主持编著,全书构架、内容设计及大部分内容的撰写均由李经纬博士完成。第六章的大部分案例主要由在跨国公司从事资本运作的复旦经济学院校友刘睿先生撰写；重庆市金融高端人才储备专家、复旦经济学院校友曾明先生、复旦大学经济学院硕士研究生张瑞敏同学及任职申港证券的杨洁女士共同撰写了第七章的大部分案例。中国人民大学中文系校友邹春艳女士参与了全书的编辑润色工作。本书在编写过程中还得到复旦大学出版社相关工作人员及其他专业人士的支持与帮助，在此一并表示诚挚的谢意。

目录

第一篇　资本运作理论精要　/1

第一章　资本运作基本知识　/3
第二章　资本运作工具　/6
第三章　资本运作操作手法　/16
第一节　经典小故事
　　　　——操作设计、实施与启示　/16
第二节　"资本造富"底层逻辑揭示　/20

第二篇　资本运作实战案例　/21

第四章　资本运作实战案例之个人篇　/23
第一节　张朝阳的财富之路
　　　　——风险投资、IPO案　/23
第二节　美特斯邦威大股东减持案　/29
第三节　腾讯控股总裁刘炽平持续减持案　/32
第四节　乐视网贾跃亭股权质押变相减持案　/35

第五章　资本运作实战复盘之企业篇　/39
第一节　灵顿中子刀公司商业模式优化案　/39
第二节　"多伦股份"变身"匹凸匹"案　/42
第三节　国美电器借壳上市案　/45
第四节　"安邦帝国"构建案　/53
第五节　申银万国借壳上市案　/59

第六节	宝能集团举牌万科案	/ 63
第七节	中信证券办公大楼资产证券化	/ 79
第八节	股灾期的上市公司股票集体回购案	/ 85
第九节	和君商学收购汇冠股份案	/ 86

第六章　资本运作实战复盘之政府篇　　/ 92

第一节	地方融资平台的创设 ——地方政府的"天才"创新	/ 92
第二节	北京地铁四号线的PPP建设模式	/ 97
第三节	首单"债转股"化解地方国企债务案	/ 102
第四节	山东路桥债转股与混改案	/ 108
第五节	政府资本运作成就合肥崛起	/ 112
第六节	华夏杭州和达高科产业园REIT发行	/ 121

第七章　资本运作实战复盘之国际篇　　/ 131

第一节	风险投资 ——红杉资本的看家本领	/ 131
第二节	雷诺兹-纳贝斯科食品烟草公司收购案	/ 139
第三节	美国次贷危机资产证券化狂潮案	/ 147
第四节	华尔街新宠SPAC	/ 153

第三篇　资本运作实战总结与强调　　/ 161

参考文献　　/ 164

• 第一篇 •

资本运作理论精要

第一篇

资本主义的发展

第一章

资本运作基本知识

一、资本运作的含义

资本运作（capital operation）也称资本经营，是指围绕资本保值增值进行的资本经营管理活动。资本运作把资本收益作为管理的核心，其目标是实现资本运作收益最大化。

资本运作有广义和狭义之分。

广义的资本运作是指以资本增值最大化为根本目的，以价值管理为特征，通过企业全部资本与生产要素的优化配置和产业结构的动态调整，对企业的全部资本进行有效运营的一种经营方式。它包括所有以资本增值最大化为目的的企业经营活动，当然也包括产品经营和生产经营。

狭义的资本运作是指独立于产品经营和生产经营而存在的，以价值化、证券化了的资本或可以按价值化、证券化操作的物化资本为基础，通过股权投资、股票发行、债券发行、配股、增发新股、转让股权、派送红股、转增股本、股权回购、股权质押以及企业的合并、收购、兼并、分立和资产剥离、资产重组、租赁托管、债转股、商业模式优化、市值管理、无形资本运作、知识资本运作等各种手段，提高资本运用效率和效益，实现资本价值增值的一种经营方式。

本书所要研究的是狭义的资本运作。

二、资本运作的特征

资本运作和生产经营、资产经营在本质上存在着紧密的联系，但它们之间也存在着显著的区别，相对生产经营而言，资本运作具有如下三大特征。

（一）流动性

资本是能够带来价值增值的价值，资本的闲置就是资本的损失，资本经营的生命在于运动，资本是有时间价值的，一定量的资本在不同时间具有不同价值，现在的一定量资本，比未来的同量资本具有更高的价值。

（二）增值性

实现资本增值是资本运作的本质要求，也是资本的本质特征。资本的流动与重组是为了实现资本增值的最大化。企业的资本运动，是资本参与企业再生产过程并不断变换其形式，参与产品价值形成运动，实现资本的增值。

（三）不确定性

资本运作收益与风险并存。任何投资活动都是有风险的，不存在无风险的投资活动。这就要求经营者要力争在进行资本经营决策时，必须对资本运作的风险与收益统筹考虑，以实现风险一定的情况下收益最大化或者收益一定的情况下风险最小化目标。

资本运作除了上述三个主要特征，还具有价值性、市场性、相对性的特征。

三、资本运作与生产经营的区别与联系

资本运作和生产经营的关系不是相互独立的，而是相互联系、相互促进的。资本运作不排斥生产经营，企业应将资本运作与生产经营有机结合起来，共同为企业的战略目标服务。

相对于生产经营来说，资本运作具有以下特点。

（1）资本运作以资本价值最大化管理为目标，生产经营则以通过产品与服务提供创造最大利润为目标。

（2）资本运作着眼于资本本身的操作与流动，生产经营则关注产品与服务的提供。

（3）资本运作有自身独特的工具、策略和手段，在某种程度上，它有相对于生产经营的超然形式。

（4）资本运作带来的价值增值或损失要比生产经营带来的利润或损失大得多。

（5）资本运作带来价值增值或损失的速度要比生产经营带来利润或损失快得多，周期通常也短得多。

（6）资本运作是中国独创的资本市场概念，而生产经营是全球通用的经济和企业管理概念。

（一）区别

1. 经营对象不同

资本运作的对象是企业的资本本身，侧重企业经营过程的价值方面，追求价值的增

值。而商品经营的对象则是企业产品，它必须借助厂房、机器设备、产品设计等有形生产要素来实现，侧重企业经营过程的使用价值创造。

2. 经营领域不同

资本运作主要在资本市场上运作。而商品经营涉及的领域主要是产品的生产技术、原材料的采购和产品的销售，主要是在生产资料市场、劳动力市场、技术市场和商品市场上运作。

3. 经营方式和目的不同

商品经营的方式是商品销售或提供劳务，目的是实现利润的最大化。资本运作的方式是资金的有效流动与运行，目的是实现价值增值。

4. 增长模式不同

商品经营主要依赖企业自身的积累，通过创造更多的利润并使之转化为资本，增加生产要素和生产能力而使企业获得发展。资本经营不但注重企业自身的内部积累，而且通过资本本身的外部扩张的方式，使企业快速扩张，发展壮大。

（二）联系

1. 目的一致

资本运作和商品经营最初是合一的，随着企业制度的变迁、所有权与经营权的分离以及资本市场和产权市场的发展，两者逐渐分离。资本运作和商品经营都是以资本增值为目的的经营活动。

2. 相互依存

资本运作并不排斥商品经营，资本运作和商品经营在形态上无法分割，天然糅合在一个企业的生产经营活动当中。通过商品经营实现利润最大化，是资本保值增值的基本途径，商品经营是资本运作的物质基础，没有商品经营的企业是不可能产生资本运作活动的。反过来，资本经营的成功运作，能有力地推动商品经营的发展。

3. 相互渗透

企业进行商品经营的过程，就是资本循环周转的过程。如果企业商品经营过程供产销各环节脱节，资本循环周转就会中断，如果企业的设备闲置，应收账款与存货等流动资产质量不高，商品销售不畅，必然使资本运作效率和效益低下。企业通过直接的资本运作，盘活存量资产，提高资源利用效率，使资本经营和商品经营又在更高的层次上联系在一起。

总之，资本运作和生产经营是企业经营相辅相成、不可分割的有机整体。虽然一个成功的资本运作能够使得企业实力可以以单纯生产经营不可企及的速度和规模增长，但是生产经营始终是企业运作的基本形式，也是资本运作的基础，资本运作无法取代生产经营。一家企业必须把生产经营与资本运作有机结合起来，共同为企业的发展壮大服务。

第二章

资本运作工具

资本运作工具是资本运作借以实施的手段,名目众多,凡是可以用来进行资本运作的手段都可以纳入资本运作工具的范畴,因此资本运作工具十分丰富。本书仅对比较重要的手段与工具进行介绍,主要包括股权投资、股票发行、债券发行、配股、增发新股、转让股权、派送红股、转增股本、股权回购、股权质押以及企业的合并、收购、兼并、并购、资产剥离、资产重组、债转股、租赁托管、商业模式优化、市值管理、无形资本运作、知识资本运作等。

一、股权投资

股权投资,是购买企业股权的行为。股权投资可以发生在公司的发起设立或募集设立阶段,也可以发生在公开交易市场上,还可以发生在股份的非公开转让场合。进行股权投资的原因主要有:(1)获取投资收益,包括获得股利和资本利得。(2)获得企业控制权,通过投资可以相对控股甚至绝对控股的股权份额比例,获取对投资目标企业的控制权,从而为某种资本目标作相关准备。(3)参与目标公司经营决策,以分散风险或开辟原有资本新的商业机会。(4)调整资产结构,增加可流动资产。(5)投机,以赚取买卖价格差额,获取资本利得。

二、股票发行

股票发行是公司为筹集资金,按照法定的程序,向股东或新进投资者发行股份的行为。根据发行主体的不同,股票发行可分为非上市公司股票发行和上市公司股票发行两种。其中IPO是上市公司最为重要的一种股票发行行为。新股票一经发行,经中间人或直接进入投资者手中,投资者认购并持有股票,即成为股东。没有特别说明,本书中提到的股票发行特指上市公司的股票发行行为。

IPO,即首次公开发行股票,是指一家企业第一次将它的股份在某个证券市场向公众出售。任何企业要 IPO 都需要符合一定的标准。而且，在不同的国家和地区，IPO 的标准也各不相同，比如美国、新加坡、中国，IPO 标准就各不相同。同一国家不同类型的证券市场，IPO 的标准也都各不相同，比如美国的纽交所和纳斯达克市场就各不相同，中国的主板、创业板、科创板及北交所 IPO 标准也是各有侧重。企业选择哪个国家或地区以及哪个市场进行 IPO，需要结合自身条件和需求与目标证券市场规范及特点的契合度、发行时长、发行成本等各个方面综合考量。

IPO 是私人企业向资本市场融资的最为重要的工具，一旦 IPO 成功，那么企业的募资能力将大大提升，所以 IPO 对于企业克服资金瓶颈、形成庞大的资金力量、迅速发展壮大、实现价值增值具有十分重要的意义，因此，IPO 是私人企业，尤其是创业企业梦寐以求的目标。显然，IPO 是企业资本运作的重要工具。

三、债券发行

债券发行是发行人以借贷资金为目的，依照法律规定的程序、规范与标准向投资人要约发行代表一定债权和兑付条件的证券的法律行为。债券发行需要说明发行额、面值、期限、偿还方式、票面利率、付息方式、发行价格、发行费用、有无担保等要素。

在发行程序方面，发行者如果需要发行债券，则要按照规定向债券发行相关管理部门提交申报书；政府债券的发行则须经过国家预算审查批准机关的批准。

在债券发行类型方面，按照发行主体的不同，可分为企业债券、金融债券及政府债券等；按照发行价格和票面价格的不同，可分为平价发行、溢价发行和折价发行；按照债券发行对象的范围不同，可分为私募发行和公募发行两种方式，私募发行是指面向少数特定的投资者发行债券，一般以少数关系密切的单位和个人为发行对象，不对所有的投资者公开出售，而公募发行是指公开向广泛不特定的投资者发行债券。相比私募发行，通常公募发行的条件及程序都更为严苛。

中国债券主要有公司债券、企业债券、中小企业私募债、地方政府债券及中央政府发行的国债。

不同种类的债券具有不同的发行条件与程序，甚至同一性质的债券在不同国家或地区其发行条件与程序也大相径庭。

四、配股

配股是上市公司根据公司发展需要，依照有关法律规定和相应的程序，向原股票股东按其持股比例、以低于市价的某一特定价格配售一定数量新发行股票的融资行为。与贷款、定增以及发行债券相比，配股是募资最快、难度最低的筹资方式。因此，随着上市公司以其他方式融资越来越难，越来越多的公司选择配股筹资。

五、增发新股

增发新股是指上市公司新增发行一定数量的股份。增发新股一般会安排一定比例的股份对原有股东优先配售，其余在网上发售。增发新股的股价一般是停牌前二十个交易日股价的算术平均数的90%。

六、转让股权

转让股权即股权转让，它是指公司股东依法将自己的股权份额有偿转让给他人，使他人取得该公司股权的行为。

七、派送红股与转增股本

对一般投资者来说，派送红股与转增股本统称为"送股"，实际上，两者具有本质区别。派送红股是上市公司采用股票股利形式进行的利润分配，它的来源是上市公司的留存收益；而转增资本是在股东权益内部，把公积金转到实收资本或者股本账户，并按照投资者所持有公司的股份份额比例的大小分到各个投资者的账户中，以此增加每个投资者的投入资本。因此，转增股本不是利润分配，它只是公司增加股本的行为，它的来源是上市公司的资本公积。

转增股本是指公司将资本公积转化为股本。实质上，就是用资本公积金向股东转送股票。转增股本并没有改变股东的权益，但增加了股本规模，因而客观结果与派送红股相似。它和派送红股的区别在于，红股来自公司的年度税后利润，只有在公司有盈余的情况下才能向股东派送红股。派送红股后，公司的资产、负债、股东权益的总额及结构并没有发生改变，但总股本增大了，同时每股净资产降低了；而转增股本却来自资本公积，它可以不受公司本年度可分配利润的多少及时间的限制，只要将公司账面上的资本公积减少一些、增加相应的注册资本金即可。

由于我国过去长期存在的独特发行制度，证券市场首次公开发行的新股通常都能得到较高的股本溢价收入，超过股票面值的这部分溢价收入已被记入资本公积，因而尽管这些公司当年可供分配的利润可能不多，但都有较高的资本公积，将资本公积金转增股本是这些公司常用的做法。由于转增股本有让股东获得额外收益的强烈意图在里面，所以上市公司的投资者通常来说是欢迎转增股本操作的。因此，转增股本往往有带动股价提升的效果，常常被视作一个重要的资本运作工具。

八、股权回购

股权回购，即公司回购其股东所持有的本公司股权的行为，又称"股份回购"。对于上市公司来说，股权回购常常被称为"股票回购"。由于股权回购对公司、其他股东以及公司债权人都会产生较大影响，因此回购一般须经董事会审议、股东会多数表决通过。

> 《中华人民共和国公司法》（以下简称"《公司法》"）第八十九条规定：有下列情形之一的，对股东会该项决议投反对票的股东可以请求公司按照合理的价格收购其股权：
> （一）公司连续五年不向股东分配利润，而公司该五年连续盈利，并且符合本法规定的分配利润条件；
> （二）公司合并、分立、转让主要财产；
> （三）公司章程规定的营业期限届满或者章程规定的其他解散事由出现，股东会会议通过决议修改章程使公司存续。

根据《公司法》的规定，异议股东的股权回购权行使包括协议回购和诉讼回购。

1. 协议回购

有限责任公司召开股东会审议《公司法》第八十九条规定的决议事项的，对该事项投否定票的股东可以行使股权回购请求权，请求公司按照合理价格收购其股权。

在股东会决议通过后六十日内异议股东同公司协议回购股权，协商成功的双方签订书面协议，由公司按照合理的价格收购股权。协议回购是当事人意思自治的表现，对持有股权的数量和时间不作限制，应当尊重当事人的合意。

2. 诉讼回购

有限责任公司异议股东就股权回购与公司达不成协议的，可以直接起诉公司要求公司买回股权。根据《公司法》规定，股东可以自股东会会议决议通过之日起九十日内向人民法院提起诉讼。诉讼回购是在协议回购失败的前提下才可以提起，协议回购是诉讼回购的前置程序。关于诉讼回购，以下几个问题值得注意。

（1）原告资格

诉讼中异议股东是原告，公司是被告，异议股东提起的是给付之诉。法律对异议股东提起诉讼时持有股权的时间和数量没有要求，但对原告的资格加以限制，原告必须是实际交缴出资并持有股权的异议股东，如果是干股或者是挂名股东则不应享有诉讼权利，没有出资则易产生不当得利。诉讼时限《公司法》规定是九十日，该时间相对较短，是否为诉讼时效也不明确，可否存在时效的中止、中断、延长等情况没有规定。

（2）诉讼期限

《公司法》规定诉讼期限是九十日，该时间相对较短，九十日期限是除斥期间，不因任何事项中止、中断或延长。如果股东在九十日内未提起诉讼，则其依法享有的回购请求权消灭，不得再主张。关于九十日的起算点，一般以股东会决议通过之日起算，但如果股东因公司未有效通知而不知道股东会决议的通过，则可以自其知道股东会决议内容之日起计算。

关于回购的价格问题，《公司法》只规定按合理的价格回购，这是一个原则性规定，该价格应当以协议价为主。如由法院确定价格，则应当做到合理合法，并以诉争事由发生时该回购股权代表的公司净资产比例的产值来确定。

（3）回购后的处理

有限责任公司回购股权后应当及时做出相应的变更登记处理。法律规定公司应当在发生回购事件后的十日内进行注销登记，对于不能注销的应当以转让的方式进行，如果在三个月内不能处理，则应当予以注销登记，注销后还应当进行重新验资，并进行工商注册登记备案。

九、股权质押

股权质押又称"股权质权"，是指出质人以其所拥有的股权作为质押标的物而设立的质押。在中国，能作为股权质押的仅为股份公司股东的股票以及有限责任公司股东的股份。以依法可以转让的股票出质的，出质人与质权人应当订立书面合同；以证券登记机构登记的股权出质的，质权自证券登记机构办理出质登记时设立；以其他股权出质的，质权自市场监督管理部门办理出质登记时设立。

当质押到期，出质人无力清偿债务，就涉及质权转移至质权人的法律后果。由于有这种法律后果，因此当大股东对其上市公司严重缺乏信心时，容易出现大股东恶意质押，实则是以股权质押为名，非法减持套现出逃的行为。因此，此时股权质押从客观后果来看就有了大股东借以减持套现的功能，从而股权质押具有了强烈的资本运作的功能。

另外，股东通过股权质押可以实现融资的目的，而融资后，实际上是增大了股东可支配的资本，增大的可支配资本为其他资本利用的资本运作行为提供了可能，从而以上两种效果都使股权质押很好地具有了资本运作的内在功能。

十、合并、收购、兼并、并购

合并是指两个或两个以上的公司，在《公司法》的规范下，依照双方约定的条件和程序，订立合并协议，共同组成一个公司的法律行为。合并通常有吸收合并与新设合并两种。

收购通常是指一个公司通过产权交易取得另一个公司一定程度的控制权。

我国《公司法》中并没有明确界定"兼并"这一词汇，在实践中常常出现混用的情况。在我国，兼并有时与吸收合并同义，有时又与收购或并购相同。具体来说，目前企业兼并的主要形式包括：承担债务式兼并；购买式兼并；吸收股份式兼并；控股式兼并。

并购是涉及目标公司控股权转移的各种产权交易形式的总称。并购按法律形式分为吸收合并、新设合并和控股合并。

1. 吸收合并

吸收合并也称"兼并"，是指一个企业通过发行股票、支付现金或发行债券等方式合并其他一个或若干个企业。吸收合并完成后，只有合并方仍保持原来的法律地位，被合并企业失去其原来的法人资格而作为合并企业的一部分从事生产经营活动。

2. 新设合并

新设合并是指两个或两个以上的企业联合成立一个新的企业，用新企业的股份交换原来各公司的股份。新设合并结束后，原来的各企业均失去法人资格，而由新成立的企业统一从事生产经营活动。

3. 控股合并

控股合并也称"取得控制股权"，是指一个企业通过支付现金、发行股票或债券等方式取得另一企业全部或部分有表决权的股份。得到控制股权后，原来的企业仍然以各自独立的法律实体从事生产经营活动。

按经济实质分，合并可以分为购买性质的合并和股权联合性质的合并。

1. 购买

购买指通过转让资产、承担负债或发行股票等方式，由一个企业获得对另一个企业净资产和经营控制权的合并行为。在企业合并活动中，通常总有一个参与合并的企业能够控制其他参与合并的企业。

2. 股权联合

股权联合是指各参与合并企业的股东联合控制全部或实际全部净资产和经营，以便共同对合并实体分享利益和分担风险的企业合并。当参与合并的企业根据签订平等协议共同控制其全部或实际全部的净资产和经营,参与合并的企业管理者共同管理合并企业,并且参与合并企业的股东共同分担合并后主体的风险和利益时,这种企业合并属于股权联合性质的企业合并。

整体来说,公司的合并、收购、兼并或并购的操作流程都完全是不一样的,完成之后对于两家公司来说法律意义也不同。但是,这些操作方法在某种程度上都会进一步巩固两家或者两家以上企业的市场地位,同时也是为了能够增加企业的竞争力,在完成之后,企业的结构模式和资产管理都会有适当的调整。

十一、资产剥离

学术界对于资产剥离有两种不同的界定方法:一种是狭义的方法,认为资产剥离指企业将其所拥有的资产、产品线、经营部门、子公司出售给第三方,以获取现金或股票或现金与股票混合形式的回报的一种商业行为;另一种是广义的方法,认为资产剥离除了资产出售这一种形式以外,还包括企业分立和股权切离等形式。

为了更贴近资本运作实践,更好地理解资本运作行为,如果不做特别说明,本书均采用狭义的资产剥离概念。

十二、资产重组

我国出台了不少有关资产重组的法律法规和行政规章制度,但均未涉及资产重组的概念,到目前为止还没有一条关于资产重组的明确定义。虽然在重组实践中会从不同的角度对资产重组及其包括的内容进行一定程度的规范,但使用的名称仍然极不统一,这些都为资产重组概念的泛化敞开了较大的口子。我国的资产重组概念所包含的内容比国外的企业重组(restructuring)的概念要广,其概念是从股市习惯用语上升到专业术语的。因此,给资产重组下一个内涵和外延明确的定义是非常困难的。已有的关于资产重组的定义不少于 20 种,其中国内目前使用得比较广泛的有以下几种。

1. 从资产的重新组合角度进行定义

梁爽(1997)等专家认为资产是企业拥有的经济资源,包括人的资源、财的资源和物的资源。所以,资产重组就是对"经济资源的改组",是对资源的重新组合,包括对人的重新组合、对财的重新组合和对物的重新组合。赵楠(1998)认为,资产重组不仅包括人、财、物三个方面的资产重新组合,而且还应当包括进入市场的重新组合。

该定义只突出了资产重组的"资产"的一面,没有突出资产重组的"产权"的一面。他们认为资产重组是企业对资源的重新组合，根据这一定义，企业内部的资源调整、人员变动等也属于资产重组范围，而我们约定俗成的"资产重组"的概念是不包括这些内容的。

2. 从业务整合的角度进行定义

资产重组是指企业以提高公司整体质量和获利能力为目的，通过各种途径对企业内部和外部业务进行重新整合的行为（张宁、范永进，1999）。该定义从业务的整合角度进行定义，基本反映了资产重组的目的。但概括性不强，内涵和外延不明确，而且同样没有涉及资产重组的"产权"的一面及业务重组。

3. 从资源配置的角度进行定义

资产重组就是资源配置（薛小和，1997）。资产重组就是对存量资产的再配置过程，其基本含义就是通过改变存量资源在不同的所有制之间、不同的产业之间、不同的地区之间，以及不同企业之间的配置格局，实现产业结构优化和提高资源利用率目标。而华民等学者进一步扩展了资产重组概念，认为资产重组涉及两个层面的问题：其一是微观层次的企业重组，内容主要包括企业内部的产品结构、资本结构与组织结构的调整，企业外部的合并与联盟；其二是宏观层次的产业结构调整，这是较企业重组更高一级的资源重新配置过程。

4. 从产权的角度进行定义

企业资产重组就是以产权为纽带，对企业的各种生产要素和资产进行新的配置和组合，以提高资源要素的利用效率，实现资产最大限度的增值的行为。该定义突出了资产重组中的"产权"的一面，但又排除了不涉及产权的资产重组的形式。

以上定义从不同的角度对资产重组行为进行了界定，各有长处。但总的来说，上述定义存在以下缺点：（1）所包含的内容比资产重组所包含的内容广，概括性不强，不利于对资产重组现象的把握。（2）概念的内涵和外延不明确。从定义上很难去把握资产重组所包含的内容，也不容易判定新生现象是否归属于资产重组。（3）对概念的把握和理解容易出现分歧。比如一部分学者认为资产重组是企业资产的一种存量调整，而另一部分学者则认为资产重组是增量调整。

为了与资本市场业务实践中的行业认知尽量一致，我们主要采用从产权的角度进行的资产重组定义，但是只要资本运作实践中有运用，我们也不排除从其他角度进行的理解。

十三、债转股

债转股是指将一家企业的债券转化为股权的行为。在债务举借企业发生严重的财务困难时，债转股的设计经常导致这些企业被其主要债权人接管。这些企业的债务和剩余资产庞大，导致债权人无法推动公司破产。于是，债权人更倾向于接管公司来持续经营。上市公司发行的可转债也是债转股的一种表现形式。

十四、租赁与托管

租赁运作和托管运作都是通过存量资本的流动和重组来实现资本经营的。租赁运作是企业所有者将企业资产的所有权在一定时期内出租给承租方，承租方按合同规定定期交纳租金的一种经营方式。托管运作是将经营不善的企业委托给实力较强的优势企业经营管理的一种经营方式。租赁运作和托管运作的实质是在企业所有权与经营权彻底分离的情况下，通过市场对各种生产要素进行优化配置，提高企业资源的利用效率，实现资本经营的目标。用企业租赁、托管方式取得其他企业的资产经营权，拓宽了企业的筹资方式，可避免一次性大规模投入造成的困扰和企业产权关系转让中出现的一系列矛盾，达到迅速扩大经营的效果，是增强企业经济实力的有效手段。放弃资产经营权的企业既可以盘活存量资产、优化资本结构，又可以取得一定的收入，同时也不丧失资本的所有权。

十五、商业模式优化

商业模式，是指一家企业创造价值、传递价值以及获取价值的核心逻辑与运行机制。它包括价值定位、目标市场定位、产品与服务、盈利模式、核心竞争力、市场营销模式与策略、竞争策略等。商业模式是一家企业运营成功的关键要素之一，一个好的商业模式，奠定了企业成功的重要基础，因为它会给予企业独特的竞争力，从而更容易促进产品销售，获得客户认同，从而获取更多收入与利润。

对于资本市场来说，拥有一个好的商业模式的企业必然会赢得更多投资者的青睐，从而对其价值评估有显著的加持作用。因此，商业模式的优化也是企业资本运作的重要手段，它能迅速改变投资者对它的观感，形成对企业更加美好的期待，从而提升企业的投资评估价值。

十六、市值管理

市值管理是上市公司基于公司市值信号，综合运用多种科学、合规的价值经营方式和手段，以达到公司价值创造最大化、价值实现最优化的一种战略管理行为。其中，价值创造是市值管理的基础，价值经营是市值管理的关键，价值实现是市值管理的目的。市值管理就是要使价值创造最大化、价值经营最妙化、价值实现最优化，最终实现股东价值最大化。从市值管理的定义我们可以明显看出，市值管理就是直接的资本运作工具。

十七、无形资本运作

无形资本运作也是资本运作的一种重要方式。无形资本运作是指企业对所拥有的各种无形资本进行运筹和策划，用无形资本的价值实现企业的整体价值增值目的的资本运作方式。无形资本运作模式主要有两种：一是通过运用无形资本实施资本扩张战略。比如企业在采用兼并、收购、参股、合资、特许经营等方式实施资本扩张战略时，可将品牌等无形资本作为重要的投入资本，实施名牌发展战略，借助于目标企业的有形资产，以名牌为龙头，迅速提升生产能力和市场占有率，既可以大大减少增量资本的投入，又可以充分利用对方企业的资本潜力。二是无形资本所有权或使用权转让。通过对无形资本的所有权或使用权进行转让，盘活企业的无形资本，充分发挥无形资本的作用。三是保护和整合无形资本。在经济全球化和网络化市场的情况下，无形资本在企业资本运作中的作用变得越来越重要，成功地运营无形资本，能够有效地提高资本经营的效果。

十八、知识资本运作

知识也是一种重要的资本，有效利用知识资本进行相关运作，对于资本的增值具有极为重要的意义。那么，什么是知识资本运作呢？知识资本运作，主要是指运作主体利用自己所拥有的知识和智慧，与其他市场主体进行交易，从而实现资本形成或资本增值目的的资本运作技巧；它还可以指运作主体利用自己的知识和智慧巧妙地进行资本运作策略设计，从而主要凭借这种高超的策略设计实现资本形成或资本增值目的的操作手法。在知识经济时代，知识资本对企业的发展具有举足轻重的作用。在相当多的情况下，企业甚至可以主要通过对知识资本而不是金融资本的运作获取巨额利益和竞争优势。所以，做好知识资本的经营对于企业来说也是至关重要的。

第三章

资本运作操作手法

第一节 经典小故事
——操作设计、实施与启示

本节将与您分享资本运作的5个经典小故事，它们的运作手段各不相同，但共同诠释了资本运作的内在操作诀窍。

> **第一个故事：流动的千元大钞**
>
> 从前有一位有钱的旅客，他进了一家旅馆，拿出1 000元放在柜台，说想先看看房间，挑一间合适的过夜。
>
> 就在此人上楼看房期间，店主拿着1 000元，跑到隔壁屠户那里支付了他欠的肉钱。
>
> 屠夫有了1 000元，去农场付清了猪农的猪本钱。
>
> 猪农拿了1 000元，出去付了他欠的饲料款。
>
> 卖饲料的人拿到1 000元后，赶忙去还清他按摩赊的账。
>
> 有了1 000元，按摩技师冲到旅馆付了欠的房钱。
>
> 此时，旅客正下楼来，拿起1 000元，声称没一间满意的，把钱收进口袋，走了……
>
> 这一天，没有人生产了什么东西，也没有人得到什么东西，可镇上所有人的问题都完美地得到了解决。
>
> **点评：** 设计连环链条，并促使资本在这个连环链条中进行可满足各节点诉求的有效流动，则无需借用有形的商品买卖行为，也能够创造不可思议的价值。

第二个故事：大额存单的环球旅行

A给了B一张5 000万元的存单，让他拿这个存单到新加坡做抵押，贷出5 000万元。新加坡的贷款利率比中国低。B拿着这5 000万元到意大利去找C，在意大利给A买了个酒庄，还申请到两个移民资格。买了酒庄以后，C把酒庄抵押给意大利银行，贷出了5 000万元，贷款利率比新加坡还低。

B拿这5 000万元购买红酒和橄榄油运回国内，交给A去卖。A卖了8 000万元，他用5 000万元从新加坡拿回了存单，又去意大利赎回了酒庄。最后A得到了3 000万元的利润、一个酒庄，以及两个移民的机会。

点评： 流动是资本增值的基础法则，而发现与获取资本运用的需求场景是实现资本增值的关键条件。

值得提醒的是，这个案例中没有考虑交易成本，事实上，资本运作的可行性必须考虑过程中所涉及到的交易成本，比如本案例中的交易成本就有抵押利息扣除、去意大利的旅差费用及酒庄的最终运营结果或出售损益等。

第三个故事：维京群岛的空手套

有一个人投资失败，欠了一屁股债，于是他打起了资本运作的主意。

他先在维京群岛注册一个A传媒公司，并以A公司名义与20多家地方电视台签了一揽子合作协议，合作协议规定，A公司将免费为各电视台提供一定时段的节目，回报是给A公司每天几分钟广告时间。由于电视台主要靠外包机构制作节目，而这种节目制作是得付费的，电视台看到有机构承诺为其免费提供节目制作，当然十分高兴，所以合作一拍结合。

接着，他又找到某节目制作创业公司，承诺向该公司投资1 000万元，条件是制作公司必须每年为A公司制作若干小时的节目。对于这样的条件，节目制作创业公司当然是大喜过望，因为对于节目制作公司来说，1 000万元是个天文数字，他们十分需要，而节目制作则是举手之劳，所以合作也是一拍即合。

一切搞定之后，这人对一家股价被低估的上市公司老板说，他手中掌握着大量的广告时段经营权，这足以使他每年可获得几个亿的广告收益。

老板听后，决定以现金3 000万元加30%的股票的形式收购A公司，于是，这人立即成为上市公司第二大股东，所获现金拿出部分投资给制作公司，以兑现诺言。

如此这般一番后，股价大涨，这人大发横财，成了超级富豪，而所花时间仅仅只有两年。

点评：只要善于整合资源，满足各方利益渴求，就可创造财富。纵观当事各方，电视台有广告时段，但是没有节目制作能力；制作方有节目制作能力，却没有资金；上市公司有资金，却又没有项目。而这人什么都没有，却把它们整合在一起，从而产生了巨大的价值。这是成功商业模式设计与实现的典范，即商业模式的力量！

第四个故事：思维方式创造财富

有一个发明家发明了一种据说可以代替冰箱或空调中制冷剂的环保产品。

为了推广该产品，他在全国各地注册了许多家公司，并创造了一种新的推销模式，核心是以免费更换更环保的制冷剂的名义，向宾馆、饭店、机关单位、广大的家庭住户直接推销该产品。

由于产品具有垄断性，国内市场又是如此庞大，经过一番精心准备和概念化包装，公司在香港地区创业板成功上市。

但上市后，讲故事的推销方式不可持续，公司业绩并不理想。于是他改变主意，打着整合制冷行业的大旗，利用上市所融资金及其他杠杆资金，大肆收购国内的空调、冰箱企业，经过合并报表，使上市公司的业绩由虚变实。

几年下来，发明家已不再是单纯的发明家，而更多地是行业内的投资人士。

点评：发明家如果只是将发明专利卖掉，撑死了也就是个百万富翁。

但这位发明家，把发明专利与特殊的营销方式结合起来，编成一个故事，并用这个故事在股市中融资。

更值得一提的是，当故事无法再讲下去的时候，一个新的故事又开始，而且做得很成功，的确不是常人所能为的。

第五个故事：老太太的赌局

一天，一个老太太拖着一个大皮箱满头大汗地走进了一家银行，营业部工作人员赶紧迎了上去，问老太太有什么事，老太太告诉她说要存100万美元，得知老人要存100万美元时，工作人员觉得是个大客户，赶紧告知了银行行长。

行长听说来了个大客户，赶紧跑出来亲自接待老太太。为了摸清老太太的实力，行长一边给老太太冲了一杯咖啡，一边跟老太太聊天，问道："太太，您的丈夫是富翁吗？""不，我没丈夫。"老太太回答。

"抱歉，没有富有的丈夫，您怎么能存这么多钱？不然这是您一辈子的积蓄？"行长说。

"不,这些钱是我刚刚和人打赌赢来的。说实话,我赌了一辈子,从未输过。"老人说着,眼里闪着光,显得非常兴奋的样子。

行长附和地笑了两声,说:"自古十赌九输,您怎么可能从未输过?""年轻人,如果你不信,咱俩可以打个赌试试。"老太太快人快语。行长根本不相信这个老太太的话,但又不敢得罪她,便敷衍地问:"打什么赌?"

"就赌你的左屁股上,明早会有一个核桃大的黑色胎痣。你赢了,我给你50万美元,输了,你给我5万美元,咋样?"老人盯着行长问。

行长心想这老太太糊涂了吧?自己左臀根本没有黑色胎痣,也不可能突然长出胎痣,明摆着她的赌注是不可能的事。于是行长提醒道:"老人家,我的左臀根本没有胎痣,明早更不可能长出来的,您是认真的吗?"

"我是认真的!你要不信,我们可以请律师公证。"老太太豪气冲天,看老太太这么一说,行长也不再客气,立刻应允。

老人出了银行,直接去找律师。律师正忙得不可开交,不愿搭理她,于是老太太说:"先生,我知道您很忙,也知道您嫌我的业务赚钱少,敢不敢跟我打个赌?你赢了,这次公证费我付10万美金,输了你给我100万美金。"

律师一听来了兴致,公证一次10万,这条件太诱人了!立马问道:"赌什么?""对面银行的行长,认识吧?就赌让他在咱俩面前脱裤子,露出屁股。"老太太说完,忍不住笑了起来。

律师一愣,也跟着大笑起来,心想:真是个疯老太太,谁也不会当着陌生人的面脱裤子的,况且又是堂堂的银行行长。

"敢赌吗?"老太太盯着律师问。"没问题,明早8点,银行门口见。"律师潇洒地冲老人挥了挥手。

第二天刚上班,老太太便拖着箱子,和律师来到行长办公室。"年轻人,开始吧!"老太太为两人做了介绍后,对行长说。

既然律师都来了,而且心想着马上就要有一笔小横财要来了,还有什么可犹豫的!行长心一横,转身脱下了裤子。老太太说:"见鬼,没有胎痣,50万美元归你了。"行长赶紧提上裤子,一转身,却发现律师双手抱头,脸色惨白,瘫坐在沙发里,赶紧过去询问。

律师喃喃地说:"我和老太太打赌,你是不会脱裤子的。天哪!我输了100万!"

行长如梦初醒,怪不得老人说她打赌从未输过,人家确实精明!利用看起来不可能出现的事情设计连环妙局,恒立不败之地!

点评: 老太太利用人性,挖掘银行行长及律师无法抵御的欲望,进行连环设局,使自己立于稳赢地位。这也正好契合资本运作准确把握人性、识别相关主体难以抵御的欲望，选择合适工具与手段，精心布局的特点。

注意： 这些故事就是一个企业的商业模式！可见，高明的商业模式设计可以创造巨额的财富。

第二节 "资本造富"底层逻辑揭示

从上文关于资本运作的基本知识及渗透着原始资本运作核心精神的小故事，我们能够发现，资本运作是指以资本增值为目的，以价值管理为特征，利用资本工具及资本本身的技巧性运作，实现资本以小变大甚或以无生有目标的经营方式。

可以说，资本运作在操作手法上的根本特点，就是利用资本运作主体自身拥有的多元化原始资本要素和资本运作的相关工具，抓住资本运作相关各方的利益渴求，进行具有链式连锁反应的高度技巧性特点的策略设计，在满足各方诉求的过程中，实现自身资本的保值增值。

在资本运作中，拥有原始资本是必不可少的基础性条件，当然这种资本既包括资金资本等有形资本，也包括人力资源等无形资本，所以知识、智慧、人脉等无形要素也属于资本要素。掌握资本运作的相关工具则是形成资本运作思路的基本物质条件，不懂资本运作工具，就不可能产生资本运作的思路。对资本运作相关各方需求的准确把握及资本运作手法的技巧性设计的高明度则是资本运作成功的最终保证。图3-1对资本运作成功的要件做了具体概括与总结。为了加深读者对资本运作的认识，帮助读者深入掌握各种工具，提升读者策略设计智慧，我们从个人、企业、政府、国际等主要维度选择了若干典型案例进行介绍与分析。

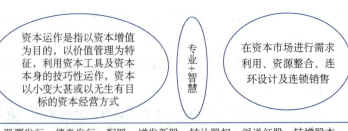

图3-1 资本运作成功运作要件图

· 第二篇 ·

资本运作实战案例

第四章

资本运作实战案例之个人篇

第一节 张朝阳的财富之路
——风险投资、IPO 案

> **导言**
>
> 张朝阳是中国互联网领域早期创业的标志性人物，他的创业故事及资本创富之路相对单纯，相对易于学习，对于年轻人来说典型意义较强，所以下面我们把他利用资本市场实现财富梦想的故事作为案例加以介绍与分析。

一、案例简介

（一）张朝阳简介

张朝阳，1964 年 10 月 31 日出生在陕西省西安市，搜狐公司董事局主席兼首席执行官。1981 年，17 岁的张朝阳考入清华大学物理系，1986 年，22 岁的张朝阳考取李政道奖学金，赴美国麻省理工学院（MIT）求学。1993 年，张朝阳在 MIT 获得博士学位，并继续在 MIT 从事博士后研究。

在 MIT 的实验室，张朝阳被当时的"互联网"的奇妙所震撼。"事实上，那时是一些校园内部网之间的互联，也不叫互联网，而叫'信息高速公路'。"张朝阳回忆说，"我们已经可以通过 Unix 代码和电子邮件进行网上交谈，虽然不像现在有图文界面，但即便如此简单的应用，网络的这种独特魅力也已经让我下定决心，不走正常的道路，而是去创办网络公司，回国创业。"1994 年，张朝阳任 MIT 亚太地区（中国）联络负责人。这个时期他有机会多次往来于美国和中国之间。1995 年底，张朝阳回国任美国 ISI 公司驻中国首席代表。ISI 从事一些基于互联网的封闭式服务，即收集一些信息，例如金融信息以及各种数据,并把它们在互联网上出售。这使张朝阳看到了在中国收集经济金融资讯并出售获利的商业机会。于是,1996年,张朝阳说服了MIT媒体实验室主任尼葛洛庞帝教授和MIT斯隆商学院爱德华·罗伯特教授支持他在中国做互联网创业,并携带他们给予的17万美元天使投资回国创建了爱特信公司,这就是搜狐的前身。爱特信成为中国第一家以风险投资资金建立的互联网公司。

(二) 商业模式探索

张朝阳真拿到了钱后,未来究竟应该做什么业务、怎么做,成了摆在他面前的一个重大问题。他用了两个月的时间对此进行探索。做技术提供者,还是做信息提供者?防火墙软件是他第一个想到的项目,他还与以色列的公司进行过接触。他也考虑过为本地企业做一些网页设计,但最终他决定还是先做一个网站。"当时网站的概念并不是特别清晰。"在张朝阳的印象中,1996年最重要的事情,就是在这一年的年底花了两万元人民币"攒"了一台服务器,并把这台服务器放到了北京电信刚刚建成的主干网上——这是中国的第一台商业托管服务器,也支持了中国的第一个商业网站。至于这个网站开通后在上面放些什么内容,用张朝阳的话说,是"用了之后一年的时间来探索"。当时张朝阳的股东之一尼葛洛庞帝投资的另一家互联网网站"热连线"给了张朝阳很大的启发,他去美国拜访了"热连线"。"热连线"雇用了大量记者去采写新闻,他们写了大量高质量的短文,图片新颖,报道方式也与当时的报纸杂志不同,特别适合数字化时代人们的阅读习惯,流量非常大。但经过了短暂的合作后张朝阳发现,这种运作模式的成本极大,用张朝阳的话说,"简直是劳民伤财"。在张朝阳看来,这样的成本支出根本不是爱特信这样的新兴公司所能承受的。张朝阳开始思索,是自己在网站上做内容,还是建立一些链接,让访问者能够借此看到更多信息?此时的中国互联网界,例如东方网景、瑞德在线等一些小网站已经有了一些服务性的介绍,张朝阳尝试着将这些内容用超链接的方式列在自己网站的一个栏目里,居然收到了出人意料的良好效果。"很多人都去看,这样我就不用做内容了,直接罗列。"张朝阳很兴奋,这充分发挥了互联网的本质——超链接。"事实上,互联网之所以能够迅速膨胀,就是靠了超链接。"

这个尝试只是个开始,它让张朝阳尝到了不用做内容的甜头。很快,爱特信网站就彻底放弃做内容,整体转向到超链接上。那个时候,张朝阳的公司已经发展到12个人,每天首页上放什么新闻都要开编辑会来决定。这些链接的栏目在当时的爱特信上也有个自己的名字——"赛博空间",后来改名为"指南针"。链接的流量已经越来越大,链接上开始有了各种内容,包括新华社的新闻,张朝阳开始为这个至关重要的链接栏目重新规划名字。"那个时候上爱特信的网民直接看到的就是超链接这个频道。"张朝阳说,他们接着又找到了"sohoo.cn.net"这个域名,那个时候还没有".com"域名。与此同时,杨致远的雅虎开始火爆美国，张朝阳又开始借鉴雅虎的分类加导航模式，爱特信的名字终于从曾经用过的"搜乎"辗转变为了后来的"搜狐"。

从服务器托管到建立网站的概念，张朝阳一路摸索前行，从偏离"热连线"原创模式到确立超链接、导航模式，爱特信的尝试几经周折。但这些对于张朝阳来讲，都不算是创业的最难时刻，真正让他刻骨铭心的，是他的第二轮融资。这次融资让他终于感受到了资本的力量和融资对于一个企业发展的深刻影响。

（三）终生难忘的华尔街融资之旅

如果说第一次融资的股东多少是基于对张朝阳个人的信任以及私交的话，那么第二次融资则再也没有这样的情感因素帮忙。对张朝阳来讲，这次融资的过程几经起伏，经历铭心刻骨。

"第二次融资比第一次更为艰苦，花费了我大量时间，而且公司内部没有人能帮得上我，没有人知道我在干什么。"张朝阳回忆说。1996年拿到的第一笔投资22.5万美元（实际17万美元），到了1997年9月已经消耗大半，张朝阳又开始了长达半年之久的融资之旅。

那个时候，互联网还没有成为一个特别吸引人的概念。在美国，只有网景公司上市，雅虎尚未上市，投资人更不相信一个中国的网络公司能够取得什么成功。

在张朝阳的印象中，当时的美国人对中国十分陌生，几乎没有投资人愿意听他的计划。事实上，那个时候能够找到一个愿意接见这个中国创业者的投资人都很困难。

在罗伯特和尼葛洛庞帝的引荐下，张朝阳自费去美国加州见那些亿万富豪。他先在加州的一个小旅馆住下，租了辆车，然后用了两天时间不停地打电话与这几位可能改变他公司命运的人约定见面时间。

1997年的9月11日让张朝阳终生难忘，他至今为自己在这一天表现出来的能力而骄傲——在这一天中，他马不停蹄地见了四位风险投资人，其中有两位答应了给他投资。

按照事先约好的时间，他应该在早上九点先去见英特尔投资公司的人，中午十二点与世纪投资的负责人会谈，下午三点去软银，下午五点则要去见后来给王志东投资的亿万富翁罗宾逊·斯蒂文。前三位投资人都在硅谷附近，而最后一位则在旧金山。

为了充分利用每分每秒，头一天晚上张朝阳在雅虎地图上已经把路线搞清，准备第二天飞车去会这四位超级富翁。

"谁知道第一个与英特尔的会面就被推后了半个小时，虽然这是一次非常成功的会面，但当会面结束时，已经十二点了。我匆匆在麦当劳买了食物，然后一边开车一边吃，赶往世纪投资。"张朝阳谈起这段往事十分兴奋，他甚至从办公室的柜子里翻出了1997年的工作本，指着上面的时间标志说："根本没有时间休息，因为每个投资人都是重要的，每个都不能错过。"

当张朝阳见完前三位投资人的时候，时间已经晚了，再加上那天赶上旧金山的地铁罢工，所有的车都在地面上爬行，严重的堵车迫使张朝阳勉强开下高速公路。到了距离罗宾逊·斯蒂文还有7个街区的地方，他将车停在一个停车场后，就提着笔记本电脑飞奔着跑到了见面地点，他到的时候，罗宾逊·斯蒂文已经等了他将近一个半小时。

会谈的结果是，罗宾逊·斯蒂文当场表示要给张朝阳投资25万美元，尽管这笔钱事后并没有到位，但当时足以令张朝阳无比兴奋。

英特尔公司则没有那么迅速地表态。他们对张朝阳进行了前后长达6个月的"审问"，平均每天提出6个问题。

"回国后我住在北京红庙附近的京港花园。有一天晚上，英特尔的投资人打长途过来说还有一个问题想问。我当时在发烧，但是生怕投资人觉得我身体不好最后不再投资，所以不敢说自己在发烧，只能咬牙回答他的问题。"

事实上，张朝阳从海外融资的行为在那个时代绝无仅有，他至今认为这对中国互联网行业起了启蒙的作用。在融资的那段日子里，张朝阳几乎每天晚上都会在那间办公室兼卧室的桌子上、地上，或坐、或躺、或趴着写他的商业计划书。

张朝阳认为，他那份完备的商业计划书在当时具有空前的前瞻性，例如他预言了商业网站应该是资讯和导航的集合体，也指出了门户的特征是信息的集合者而不是制造者，甚至还描述出了广告收入的曲线，以及页面点击率与广告之间成长关系的算法、收入模式等。

但是，在张朝阳写这份商业计划的时候，他还没有一笔网络广告收入，到了1997年11月，第一笔融资来的钱几乎快花光了。那时，他甚至到了把最早的两名员工叫到自己的办公室，问他们那个月的工资迟一个月发可不可以的地步，因为他首先要考虑的是交房租。

北京电信想做一个像美国在线一样的169项目，需要找一家公司来设计门户和几十个网页。这个招标项目让张朝阳看到了希望，但他又犹豫不决，因为如果全力以赴去竞标，公司就势必要暂时放下已有几万元收入的网页制作业务，一旦失败，公司将失去唯一的收入来源。

这件事被提交到董事会上讨论。由于第二轮融资尚未敲定，最终董事会为张朝阳提供了一笔10万美元的"乔治贷款"——如果竞标失败，张朝阳可以先用这笔钱"度日"，把公司继续经营下去，而这笔贷款张朝阳日后需要用利息和股权去偿还。

结果是，张朝阳击败了包括亚信、ChinaBike在内的三家竞标者，拿到了这个项目。"这是搜狐险些'断顿'的时刻。"张朝阳说。后来乔治贷款到位，使爱特信又撑到了1998年2月。

1998年4月，搜狐公司获得第二笔风险投资，投资者包括英特尔公司、道琼斯、晨兴公司、IDG 等，投资金额共 220 多万美元。

（四）纳斯达克上市

2000 年 7 月 12 日，搜狐以最大中文互联网门户网站之姿登陆纳斯达克，市值达到 4.9 亿美元，张朝阳拥有 28％的股权。

二、案例分析

（一）张朝阳个人财富之路上使用的资本市场工具

梳理整个案例过程，很容易发现，在张朝阳实现个人财富创造的过程中借用了三个资本市场的工具。

1. 获取风险投资

这主要表现在他 1996 年获取尼葛洛庞帝教授和罗伯特教授给予他的 17 万美元的天使投资；随后在 1998 年 4 月又获得包括英特尔公司、道琼斯、晨兴公司、IDG 等在内的第二笔风险投资共 220 多万美元。很显然，没有这两次的风险投资，就不可能有张朝阳后续的创富之路。

2. IPO

2000 年 7 月 12 日，搜狐在纳斯达克上市。这是张朝阳实现财富之路的根本转折，他个人获得了 1.37 亿美元的身家，而且自此之后，由于有全球最有名的纳斯达克资本市场的支持，张朝阳彻底摆脱了无米下锅的危险处境。

3. 构建有吸引力的商业模式

构建有吸引力的商业模式，几乎贯穿于张朝阳的整个创业过程。从创业之初为了说服尼葛洛庞帝教授和罗伯特教授给予他资金支持而设计在中国进行互联网创业的概念，到后来二次融资时提出建设中国互联网门户网站的构想，再到纳斯达克上市之后为了强化投资者信心而大举进军网络游戏新兴产业，张朝阳一直在根据中国市场与经济环境的变化不断构建和完善有吸引力的商业模式。可以说，没有有前瞻性、有巨大商业前景的商业模式，就没有投资者的青睐，也就不会有财富创造的辉煌之路。

（二）张朝阳的个人财富之路的原始资本

本书第一章就已经提出：资本是资本运作得以进行的基础性条件，没有原始资本，就不可能有资本运作的启动。在张朝阳创富案例中，张朝阳并没有足够的原始资本，而且可以说几乎没有创业资金，但是我们不要忘了，张朝阳拥有中国绝大多数年轻人只能仰望的聪明头脑——他考取了中国最著名的大学清华大学，并且获得了攻读美国最著名大学麻省理工学院的全额奖学金。同时他又获得了这些顶尖名校光环的加持及相应的人脉资源，这些都是张朝阳的原始资本，没有这些资本，张朝阳也是很难成功的。

三、案例总结

资本运作是指以资本增值为目标，以必要的原始资本为前提，利用资本工具及资本本身的技巧性运作，实现资本以小变大甚或以无生有的资本经营方式。这说明，如果我们希望以资本运作来实现自己的创富目标，就必须获得必要的原始资本，没有资金等有形资本，我们就必须拥有知识、智慧、人脉等无形资本。要想资本运作取得成功，还必须设计对相关各方有强大吸引力的运作模式和合适的运作技巧。同时，我们也应该掌握相关的资本运作手段和工具。

术语解析

纳斯达克

纳斯达克是由美国全国证券交易商协会为了规范混乱的场外交易和为小企业提供融资平台，于1971年2月8日创建。纳斯达克的特点是收集和发布场外交易非上市股票的证券商报价。

纳斯达克拥有各种各样的做市商，投资者在纳斯达克市场上任何一只挂牌的股票的交易都采取公开竞争来完成——用他们的自有资本来买卖纳斯达克股票。这种竞争活动和资本提供活动使交易活跃地进行，广泛有序的市场、指令的迅速执行为大小投资者买卖股票提供了有利条件。它有一个单独的指定交易员，他被指定负责一种股票在这处市场上的所有交易，并负责撮合买卖双方，在必要时为了保持交易的不断进行还要充当交易者的角色。

纳斯达克现已享誉全球，成为全球第二大证券交易市场。

纳斯达克的三个上市标准如下。

(1) 标准一：股东权益达1 500万美元；近一个财政年度或者近三年里的两年中拥有100万美元的税前收入；110万的公众持股量；公众持股的价值达800万美元；每股买价至少为5美元；至少有400个持100股以上的股东；3个做市商；须满足公司治理要求。

(2) 标准二：股东权益达3 000万美元；110万股公众持股；公众持股的市场价值达1 800万美元；每股买价至少为5美元；至少有400个持100股以上的股东；3个做市商；两年的营运历史；须满足公司治理要求。

(3) 标准三：市场总值为 7 500 万美元，或者资产总额及收益总额分别达 7 500 万美元；110 万的公众持股量；公众持股的市场价值至少达到 2 000 万美元；每股买价至少为 5 美元；至少有 400 个持 100 股以上的股东；4 个做市商；须满足公司治理要求。

企业想在纳斯达克上市，需符合以下三个条件及一个原则。

(1) 先决条件。经营生化、生技、医药、科技（硬件、软件、半导体、网络及通讯设备）、加盟、制造及零售连锁服务等，经济活跃期一年以上，且具有高成长性、高发展潜力。

(2) 消极条件。有形资产净值在 500 万美元以上，或最近一年税前净利在 75 万美元以上，或近三年中两年税前收入在 75 万美元以上，或公司资本市值（market capitalization）在 5 000 万美元以上。

(3) 积极条件。SEC 及 NASDR 审查通过后，需有 300 人以上的公众持股（NON-IPO 得在国外设立控股公司，原始股东必须超过 300 人）才能挂牌，根据美国证管会手册（SEC Manual），公众持股人之持有股数需要在整股以上，而美国的整股即为基本流通单位 100 股。

(4) 诚信原则。纳斯达克流行一句俚语：任何公司都能上市，但时间会证明一切（Any company can be listed, but time will tell the tale）。意思是说，只要申请的公司秉持诚信原则，挂牌上市是迟早的事，但时间与诚信将会决定一切。

四、思考与分析

(1) 张朝阳在他的财富之路上使用了哪几种资本运作工具？

(2) 你怎么看待张朝阳财富创造的原始资本？

(3) 结合案例谈谈你对自己未来财富之路的设想与规划。

第二节　美特斯邦威大股东减持案

导言

2014—2015 年美特斯邦威董事长周成建的减持案成为当时中国资本市场轰动的事件之一，这个事件险些导致周成建面临牢狱之灾，最终卸任董事长的职务。这一事件最大的原因其实在于中国最有影响的私募大佬徐翔参与其中。

一、案例简介

2014年，美邦服饰董事长周成建拟通过减持部分美邦服饰股票来缓解资金压力。徐翔得知周成建欲减持其控股的上海华服投资有限公司持有的美邦服饰股票，觉得生意已至，于是派人就相关业务合作进行磋商。经双方多次合谋后商定，由徐翔通过大宗交易方式分两次接盘周成建减持的各10%美邦服饰股份，其中5%的股份由徐翔使用泽熙产品接盘后举牌持有6个月，以稳定美邦服饰股价，其余股份由徐翔接盘后卖出。周成建控制美邦服饰发布高送转等利好信息，共同拉升股价，以实现高位减持的目的。周成建支付徐翔减持总金额15%，总计363 765 900元的费用。商定方案后，接下去便开始具体实施。

根据约定，周成建控制美邦服饰于2014年9月30日发布《简式权益变动报告书》，披露泽熙6期单一资金信托计划增持美邦股份达到5%的信息，并宣布向全体股东每10股送红股5股，派发现金1元（含税），同时以资本盈余公积向全体股东每10股转增10股的利润分配预案。此消息一出，市场重度看多，美邦服饰股价大涨。周成建顺势通过大宗交易方式减持美邦服饰股票101 100 000股，徐翔则将其使用泽熙产品及他人证券账户接盘的5%股份在二级市场抛售，剩余5%用泽熙产品接盘并举牌，后于2015年4月1日至20日陆续抛售。

减持后，周成建将减持总金额的15%支付给徐翔，安排涂珂与美邦服饰财务负责人周宝娥给徐翔指定的账户汇款1亿余元。

2015年4月，徐翔与周成建再次以相同的条件约定减持，徐翔向周成建建议多送点股票，周成建于同年4月1日对外发布了10股送5股转10股派1元的高送转分红。徐翔用他人证券账户接盘后抛售，同时将持有半年的股票抛售。

减持后，周成建再次安排涂珂将两亿余元汇入徐翔指定的账户，而后周宝娥根据涂珂安排向指定账户转账。周宝娥总共向徐翔指定的韩玉山、瞿柏寅账户汇款363 765 900元。

2014年9月26日—2015年4月20日，徐翔使用陈国芬等29个证券账户通过竞价交易系统连续买卖美邦服饰股票，累计买入卖出19 591 804股。其间美邦服饰共有134个交易日，账户组在其中13个交易日参与交易，占比9.70%，6个交易日买入，10个交易日卖出。账户组买入成交中，数量排名第一、第二的共4个交易日，占比66.66%，卖出成交中，数量排名第一、第二的共8个交易日，占比80%。在2014年年报发布前，徐翔控制的账户组连续买入美邦服饰股票，交易量明显放大。公告发布后，股价上涨，账户组集中减持获利。

其间美邦服饰股票价格累计涨幅107.32%，同期中小板综合指数累计涨幅

52.51%，偏离54.81个百分点。制造指数累计涨幅51.18%，偏离56.14个百分点。该股换手率338.40%，此前同时段换手率为103.82%，增加234.59个百分点。

徐翔通过竞价交易和大宗买卖美邦服饰股票获利共计695 267 235.55元，周成建减持套现后按约定汇入徐翔指定账户363 765 900元。

二、案例分析

（一）案例涉及的资本运作手段与策略

从该案的整个发展过程我们可以发现，上市公司大股东与投资机构密谋勾连，设立私募类投资产品买卖标的公司股票，集合并操纵众多第三方证券账户的证券买卖及发布并传播利好或利空消息。这是他们使用得最多的资本运作手段与策略。

（二）资本运作损害中小投资者利益

显而易见，该案所涉资本运作明显损害众多不知情的中小投资者的合法权益，勾连双方采取欺骗手法诱使不知情投资者高位接盘它们的售出股票，投资者从而遭受惨重损失。该案中，无论是大股东的减持套现，还是串谋操作的泽熙投资及其相关人员买卖股票所获巨额收益及所收服务佣金皆为不当得利。

三、案例总结

（1）资本运作能够帮助运作主体获取巨额利益，但是如果该运作及得利是以其他投资者的合法权益受损为代价，那么这就是违法行为，要受到相关法律的制裁。

（2）资本运作本身是个中性的技术概念，但是如果它是以不法侵害为目标，并且侵害了其他人的合法权益，那么它可以成为违法行为。

 术语解析

大股东减持

大股东减持指控股股东和持股比例在5%以上的股东减持其股份的行为。大股东减持一般需要进行公告。大股东减持常常出现在公司价值明显高估的市场环境下，当然在公司股价不理想的情况下，由于各种原因，大股东急需资金时，也会出现大股东减持的情形。为减少对二级市场股价的影响，大股东减持常常以大宗交易的面目出现，这时对手方常常为机构或强劲的游资，很显然，它们接盘大股东减持的股份也是为了获利。而为了确保获利，它们通常会在大量接盘后勾结上市公司炒作股价，因此，这种情况下的减持，常常会伴随随后一段时间的股价上涨。

泽熙产品

泽熙产品指的是泽熙系投资公司独立或与其他机构合作设立的私募基金、资管计划、信托计划等金融产品。其显著特色是大量使用杠杆、投资作风强悍，普遍采用违法边缘操作手法，投资利润丰厚。泽熙产品常常是证券投资市场关注的焦点，也是当时投资资金流向的风向标。

信托计划

信托计划是指由信托公司担任受托人，按照委托人意愿，为受益人的利益，将两个以上（含两个）委托人交付的资金进行集中管理、运用或处分的资金信托业务活动。

四、思考与分析

（1）美特斯邦威大股东减持案涉及哪些资本运作工具与策略的使用？

（2）你怎么看待美特斯邦威大股东减持案？

第三节 腾讯控股总裁刘炽平持续减持案

导言

本案例可以说是个人资本运作最成功的案例，其减持套现几乎都在阶段性的股价高点，我们无法判断主人公是否有联合外部机构高位套现的情况，但我们可以尽可能根据上市公司公告展示主人公减持套现期间发生的各种情况。读者可以根据本书所讲述的资本运作专业知识与技能自行判断。

一、案例简介

(一) 刘炽平简介

刘炽平，1973 年生于北京市，1995 年获得美国西北大学凯洛格管理学院工商管理硕士学位，1998 年获得美国密歇根大学电子工程学士学位、斯坦福大学电子工程硕士学位，毕业后在麦肯锡公司从事管理咨询工作，后担任高盛亚洲投资银行部的执行董事及电信、媒体与科技行业组的首席运营官。2004 年，刘炽平参与高盛操作腾讯上市项目。刘炽平在参与腾讯上市项目过程中表现出的才华让马化腾极为欣赏，而刘炽平也在操刀腾讯上市过程中感受到这家中国公司的优秀。于是，2005 年，刘炽平受邀出任腾讯首席战略投资官，负责腾讯战略、投资、并购和投资者关系。2006 年，刘炽平升任腾讯总裁，年薪 3 亿元，被誉为"打工皇帝"。

(二) 减持过程

刘炽平加盟腾讯后几乎每年减持一次，其中 2015 年减持套现 6.66 亿港元，2016 年减持 5.59 亿港元，2017 年行使两次期权套现 1.8 亿元，2018 年 3 月 27 日，刘炽平以平均每股 434.3624 港元的价格减持 100 万股腾讯股份，价值约 4.34 亿港元，折合人民币 3.48 亿元。2019 年前的 4 年套现超 18 亿港元。

2020 年，刘炽平又分别在 1 月 3 日、4 月 1 日、5 月 29 日、6 月 1 日、6 月 30 日、7 月 3 日、10 月 8 日、10 月 9 日连续减持腾讯。2020 年合计减持套现的价值约 12 亿港元。

2021 年 1 月 15 日，在腾讯股价突破 700 港元大关之际，刘炽平减持 30 万股，套现 1.9 亿港元；1 月 18 日，刘炽平减持 10 万股，套现 0.66 亿港元；6 月 2 日，以平均每股 629.7726 港元的价格卖出 25 万股腾讯股票；6 月 3 日，以平均每股 624.4650 港元价格卖出 5 万股腾讯股票。2021 年 1—7 月，刘炽平累计减持套现了 4.387 亿港元。

《2021 胡润中国职业经理人榜》中，刘炽平以 290 亿元人民币的财富位居第二。

二、案例分析

很显然，刘炽平每次减持套现的时间节点都处于股价的较高点。这当然是由于刘炽平作为腾讯控股的内部人，能比外界人士更好判断股价的走势。更重要的是，我们发现刘炽平减持的绝大部分时间，是各大投行发布高看腾讯未来业绩或发展前景的研究报告及腾讯股价处于上升期的阶段。尽管我们无法判断各大投行是不是在配合刘炽平高位减持，但是资深投行人士出身、有着深厚投行人脉资源的刘炽平完全有能力让投行发布利多研报配合拉升腾讯股价，以便于其以尽可能好的价格减持。

事实上，减持节点和利多研报发布时点高度一致。比如，刘炽平曾在2021年6月2日及3日减持，而刚好多家投行在此之前纷纷发布利多研报：安信证券、兴证国际、招商证券、光大证券、国金证券、安信国际、中泰国际、致富证券、东方证券纷纷在5月底、6月初发布"买入"估值研报。2021年1月15日及18日，刘炽平也曾连续2次减持，而招商香港、东方证券、安信证券、国泰君安等也都纷纷在2020年12月下旬及2021年1月上旬发布"买入"看多研报。我们再核查其他减持点，发现大都有这个一致性特点。所以，无论各大行是否是按与刘炽平的约定配合他减持，刘炽平的减持都有这么个特点：趁利多消息发布时进行减持套现。跟随利好消息减持套现是股东个人进行资本运作的一个重要策略。

三、案例总结

配合利好消息发布减持套现是个人利用减持进行资本运作的重要手段。积累或建立丰富的投行研究机构人脉资源对于减持套现有重要的正向作用。

但值得提醒的是，勾结研究机构发布利好消息进行减持套现是不合规的、非法的。

 **术语解析**

> **高盛集团（Goldman Sachs）**
>
> 高盛集团是一家国际领先的投资银行。高盛集团成立于1869年，是全世界历史最悠久及规模最大的投资银行之一，总部位于纽约。
>
> 在2019年7月发布的《财富》世界500强排行榜中，高盛排名第204位；2019年10月Interbrand发布的全球品牌百强榜中，排名第53位；在2019年11月16日发布的《2019胡润全球独角兽活跃投资机构百强榜》中，排名第6位；2020年1月22日，名列2020年《财富》全球最受赞赏公司榜单第27位；2020年5月13日，名列2020福布斯全球企业2 000强榜第47位。

四、思考与分析

（1）请根据上市公司公告梳理刘炽平减持过程中上市公司发布的影响股价的相关

事件。

（2）你如何看待刘炽平的减持套现操作？

第四节　乐视网贾跃亭股权质押变相减持案

导言

根据2018年7月的统计数据，A股市场共3 528只个股，竟有3 502只存在股票质押情况，占比高达99.26%。股权质押比例如此之高，说明大股东融资需求巨大，对资金的需求十分饥渴，也说明持有成本极低的大股东在很多情况下存在着通过质押股权被平仓而变相减持套现的强烈冲动，不然他们不会在股权质押比例甚至只有市值额度三成左右的情况下还高频度质押。可见，这些大股东根本不在乎质押股票被平仓，因为他们作为原始股东，大部分人的持有成本比市值的三成还低得多。乐视网创始人贾跃亭恶意质押套现滞留美国不归案，就是最臭名昭著的通过股权质押恶意减持套现案。

一、案例简介

乐视网2018年3月1日晚间发布公告称：截至目前，贾跃亭先生持有公司10.2亿股股份，占总股本的25.67%，其中10.1亿股已被质押，到目前为止，贾跃亭尚未解除质押的有19笔，涉及10家券商、1家信托、2家银行以及1家不明身份的质权方。而且，贾跃亭将其股权进行质押后，以造车为名长期滞留美国不归，并且根本没有任何回国的意向。以下为贾跃亭2011—2015年股权质押情况表（表4-1）。

表4-1　贾跃亭2011—2015年股权质押情况表

公告日期	股东名称	质押方	质押股数（万股）	占所持股比例（%）	占总股本比例（%）	质押市值（万元）
2015-10-26	贾跃亭	—	50 733.2	64.8	27.3	2 551 593.6
2015-01-13	贾跃亭	海通证券	2 600.0	7.0	3.1	39 526.9
2014-09-30	贾跃亭	民生银行	1 300.0	3.5	1.6	22 078.1
2014-09-03	贾跃亭	国开证券	1 906.2	2.4	1.0	32 736.4
2014-09-03	贾跃亭	国开证券	1 541.4	2.0	0.8	26 471.8

续 表

公告日期	股东名称	质押方	质押股数（万股）	占所持股比例（%）	占总股本比例（%）	质押市值（万元）
2014-07-08	贾跃亭	东方证券	5 101.8	6.5	2.8	104 233.3
2014-06-11	贾跃亭	中信证券	3 960.0	5.1	2.1	80 473.8
2014-06-07	贾跃亭	平安证券	6 001.6	7.7	3.2	112 203.4
2014-05-31	贾跃亭	平安信托	2 068.0	2.6	1.1	37 591.6
2014-05-31	贾跃亭	国开证券	1 922.8	2.5	1.0	36 566.7
2014-05-31	贾跃亭	国开证券	1 911.6	2.4	1.0	35 565.1
2014-05-20	贾跃亭	山西证券	4 180.0	5.3	2.3	69 627.4
2014-05-20	贾跃亭	西南证券	3 608.0	4.6	1.9	60 508.9
2014-05-20	贾跃亭	中信证券	6 160.0	7.9	3.3	103 307.8
2014-04-22	贾跃亭	山西证券	1 705.0	2.2	0.9	30 010.3
2014-03-15	贾跃亭	齐鲁证券	4 724.4	6.0	2.6	96 814.8
2014-03-04	贾跃亭	国泰君安	3 432.0	4.4	1.9	76 950.6
2014-01-29	贾跃亭	国都证券	3 740.0	4.8	2.0	90 782.3
2014-01-22	贾跃亭	国信证券	2 486.0	3.2	1.3	55 299.8
2014-01-16	贾跃亭	平安信托	792.0	1.0	0.4	17 718.3
2014-01-16	贾跃亭	平安信托	230.0	0.6	0.3	5 145.5
2014-01-04	贾跃亭	国信证券	870.0	2.3	1.1	17 721.9
2013-12-06	贾跃亭	信达证券	1 340.0	3.6	1.6	22 564.0
2013-12-06	贾跃亭	信达证券	240.0	0.6	0.3	3 876.8
2013-05-16	贾跃亭	山西证券	3 781.0	10.2	4.5	38 154.4
2013-04-09	贾跃亭	山西证券	2 052.0	5.5	2.6	13 099.7
2013-04-02	贾跃亭	东莞信托	2 280.0	6.1	2.9	14 897.9
2013-03-08	贾跃亭	上海东方证券资管	2 584.0	7.0	3.3	17 050.7
2013-02-08	贾跃亭	东莞信托	2 280.0	6.1	2.9	11 172.1
2012-04-07	贾跃亭	山西信托	1 840.3	9.4	4.4	9 055.7
2012-04-07	贾跃亭	中铁信托	1 396.5	7.1	3.3	6 894.7
2011-11-30	贾跃亭	上海国际信托	3 971.0	10.7	5.0	16 503.7
2011-11-30	贾跃亭	上海国际信托	3 971.0	10.7	5.0	16 503.7
2011-09-16	贾跃亭	上海国际信托	3 971.0	10.7	5.0	11 599.9
2011-09-16	贾跃亭	上海国际信托	3 971.0	10.7	5.0	11 599.9

乐视网还确认，贾跃亭所有股票质押式回购交易已触及协议约定的平仓线，且贾跃亭所有股票质押式回购交易均已违约。这意味着贾跃亭的几乎全部质押股权都会被强制平仓或者司法冻结和司法拍卖，但是贾跃亭通过股权质押套取的累计 300 多亿元的资金是无法追回的。实际上，贾跃亭已经通过国外家族信托将其通过乐视网套取的几百亿资金落袋为安了。

贾跃亭的行为直接导致了乐视网的退市，使国内相关金融机构及乐视网的中小投资者遭受惨重损失。

二、案例分析

该案例主要体现的是贾跃亭大肆利用股权质押手段变相减持套现的恶行。贾跃亭几乎质押了其全部股权，而且其逃往美国后未解除的质押全部达到平仓线或违约。根据平仓规则及违约后果，他的这些质押股权需要全部平仓或冻结拍卖，但显然其后果已经无法追究到逃往美国的贾跃亭，而且贾跃亭也早已在质押时就获取了巨额的质押融资资金。

由于大股东的绝大部分股份在上市前即已获得，所以他们的持股成本和上市后的股价相比，几乎可以忽略不计。因此，在受限大股东减持规则的情况下，大股东常常利用股权质押手段被动变相减持套现，而他们质押后的股权只需根据股权质押规则承担被平仓或被冻结拍卖的后果即可，但这在大部分情况下已经是这些大股东不在乎的事情了。

由于大股东股权质押有这样严重的后果，所以大股东股权质押常常会引起上市公司股价下跌。大股东股权质押也是投资者分析上市公司股价走势所应该重点关注的因素。

三、案例总结

由于贾跃亭的所作所为，乐视网股价出现连续的一字跌停，并最终被强制退市，投资者损失惨重，但贾跃亭却通过股权质押变相减持套现获得了巨大的财富，这说明中国的上市公司关于股权质押的相关法律法规存在着巨大的漏洞。

现行《股票质押式回购交易及登记结算业务办法（2018 年修订）》（以下简称《业务办法》）的第六十五条规定：证券公司作为融出方的，单一证券公司接受单只 A 股股票质押的数量不得超过该股票 A 股股本的 30%。集合资产管理计划或定向资产管理客户作为融出方的，单一集合资产管理计划或定向资产管理客户接受单只 A 股股票质押的数量不得超过该股票 A 股股本的 15%。这一条主要是试图化解证券公司和集合资产管理计划过度集中股权质押的风险，但是股权质押完全可以通过多方质押，把风险转嫁给多家机构。第六十五条还规定，该笔交易不得导致单只A股股票市场整体质押比例超过50%。因此如果实际控制人持股比例不高于50%，就可以通过多方质押其全部股权，成功套现。这实际上并没有化解金融机构的风险，只是一种风险的分散，毕竟高比例质押说明持有人异常缺钱，一旦质押股权股票价格下跌就没有太多资产可以增加保证金，或者干脆恶意抵押套现跑路走人。

原来规定是整个公司股权质押不能高于50%，但是如果其他股东股权没有质押，单一持股不超过50%的股东还是可以质押全部股权融资套现的。因此笔者建议修改《业务办法》，规定单一股东股权质押不能超过股东持股的50%，而且不能以追加股票的形式增加保证金。这样可以大大降低股权质押风险，即使股权质押的股票价格出现下跌，实际控制人也因为持有股权而不敢跑路或者不能跑路，防止他们把一地鸡毛的上市公司留给二级市场。更为关键的是，股权质押不能全部抵押融资、套现走人，倒逼实际控制人好好经营公司，而不是总想着抵押股权套现、股权减持套现跑路。如果可以进行百分之百的股权质押，某些别有用心的实际控制人就会通过一些所谓利好甚至财务造假推高股价，在高位质押套现，从而移民国外跑路，把一个烂摊子留在国内。

 术语解析

家族信托

家族信托是一种信托机构受个人或家族的委托，代为管理、处置家庭财产，以实现委托人的财富规划及传承目标的财产管理方式，最早出现在长达25年（1982—2007年）经济繁荣期后的美国。家族信托中，资产的所有权与收益权相分离，富人一旦把资产委托给信托公司打理，该资产的所有权就不再归他本人，但相应的收益依然根据他的意愿收取和分配。委托人如果离婚分家产、意外死亡或被人追债，这笔钱都将独立存在，不受影响。家族信托能够更好地帮助高净值人群规划"财富传承"，也逐渐被中国富豪认可。

四、思考与分析

（1）股权质押的动机及相应的操作手法有哪些？

（2）你怎么看待贾跃亭其人？

第五章

资本运作实战复盘之企业篇

第一节　灵顿中子刀公司商业模式优化案

导言

> 资本在企业生存发展中扮演着极为重要、关键的角色,它可以使企业如虎添翼,获得以空前速度扩展发展的强大动能,也可以帮助濒临危境的企业渡过难关,得以生存。私募融资是引进资本的重要手段,然而资本是逐利的,要进行私募融资,不管你怎么想、怎么做,绕不过去的是要证明你的企业能够让进入你公司的投资获得良好的回报。而优秀的商业模式,是向投资者传递企业发展前景和投资价值信号的重要手段,在私募融资中受到特别的关注。

一、案例简介

该案讲的是深陷融资困境的深圳市灵顿科技发展有限公司(以下简称"灵顿")通过商业模式优化获得新生的一个精彩资本运作案例。灵顿是一家总部位于深圳的民营企业,它拥有自主研发和具有独立知识产权的中子刀,那是当时最先进的肿瘤治疗设备之一。

灵顿中子刀是利用放射性同位素 252Cf 发出的中子射线,采用现代遥控后装技术,对肿瘤组织实施近距离照射,从而杀灭癌细胞的一种新型放射治疗设备。它克服了以往治疗癌症通常采用的 γ 射线与 X 射线对恶性肿瘤的乏氧细胞不敏感、治疗效果不理想、容易复发的缺陷,具有肿瘤消失快、术后不易复发等独特治癌优势,被誉为"二十一世纪的癌症克星",一举填补了中国锎中子治癌领域的空白,并使中国在该领域一步跨入世界前列! 看起来,这是一家很有发展前景的企业,可是由于研发的大量投入,灵顿公司已经没有了进一步发展的资金,融资方面也是举步维艰,券商、风投等资本都是进了又出，没有达成任何融资意向。其根本原因在于定位于先进肿瘤设备研发、生产和销售的灵顿公司不符合资本的投资逻辑。他们认为，灵顿光靠销售中子刀营利，中子刀的市场容量不会太大，很容易饱和，且随着中子刀的销量上升，拥有中子刀的医院之间的治疗价格的竞争将会导致利润变薄，倒逼灵顿中子刀设备价格不断下跌，所以灵顿公司发展前景不佳，投资价值缺乏。

就在这时，某咨询公司和灵顿公司达成合作关系，担任灵顿公司的财务顾问。该咨询公司放弃券商从财务和历史入手的传统思维，站在产业角度来思考灵顿的商业模式，为灵顿探寻融资的可行之道。该咨询公司通过调查发现，其实对于灵顿而言，真正的大市场不是医疗设备的销售，而是医疗服务，在于终端的患者需求。

权威数据表明，中国中子治癌的适应症发病患者总数每年在100万人以上，其中20%左右的患者适合于中子刀治疗。中子刀治疗一个病人所需的设备费用总额在1.8万元左右，低于国内对恶性肿瘤治疗所需的平均费用2.5万元。由此可以看出，中子刀的病源充足，市场广阔，每年市场份额预计在30亿元左右。与此同时，即使是国内最高水平的一批医院，也基本没有既具备综合治癌设备，又能采取多种治癌方法的。市场为中子刀治疗应用市场留足了空间。

据此，双方商定，为灵顿公司设计一个极有发展前景且操作性极强的商业模式：把灵顿定位成一个癌症医疗服务提供商。灵顿公司干脆不卖中子刀设备，而把它拿来与全国各地医院合建"中子治癌中心"，一省一个，双方收益分成，把原来研发、生产、制造设备的商业模式，转成与全国各大医院合作建设全国性癌症治疗中心服务癌症患者治疗的商业模式。

同时，咨询公司设计出一套可行的资本运作方案，确保投资者资金的安全。方案规定：灵顿公司出一台中子刀，占这个中心的80%的分配比例，医院开门诊、建机房，投资很小，占20%。这是最早的模式，后来发现有的租赁公司对这个东西很有兴趣，根据这一点，它们又设计另外一种商业模式，吸引其他资本进入。比如说一个治疗中心，灵顿公司出一台中子刀占60%的股份，20%卖给租赁公司，医院占20%的股份。通过这个商业模式设计，灵顿公司即使不赚钱，也不会赔钱，这样至少能确保出资到灵顿公司的投资商不赔钱。如果这个中心赚钱，那么灵顿公司就能分得60%的利润。根据这种模式，灵顿公司在全国范围内找医院合作，搭建网络。

该方案一经推出便得到了投资界的广泛认可，在1999年的首届高交会上，在成交的1 400多个项目中，深圳灵顿科技公司的中子刀项目因投资模式独具新意，被三家上市公司、一家风险投资公司和一家国际租赁公司共同相中并联合投资。经中科创业投资有限公司组织成立中子科技投资有限公司，在三家上市公司参与下，成功签约金额达3亿元的技术项目投资。

灵顿公司并没有让那些希望高效介入肿瘤治疗产业的战略投资者失望。随着巨资的不断投入，灵顿公司的发展从此真正插上了现代资本的翅膀。

2002年是灵顿综合性的肿瘤治疗中心在全国快速铺开的一年。杭州武警医院是灵顿肿瘤治疗中心建成的第一个完整开业的中心。10月、11月、12月，灵顿分别在北京、广州、乌鲁木齐开设肿瘤治疗中心（医院）。2003年营口、哈尔滨、潍坊、丰城等城市的灵顿肿瘤治疗中心（医院）也相继开业。在这十多个肿瘤治疗中心（医院）里，灵顿都占控股地位，并且全都统一使用"灵顿"这一品牌，共用一套国际、国内专家队伍。

在迅速扩展网络的同时，灵顿的财务状况得到了彻底的改善，从2003年开始，来自各中心的平均每月总收入已经超过人民币300万元，全年总体收入将超过人民币8 000万元。时至今日，灵顿已经成为中国国内肿瘤治疗的第一品牌。它正以全国合理布局的肿瘤治疗中心为依托，聚集国内外一流的肿瘤治疗专家，直接收购、兴办灵顿直接控股的、以肿瘤治疗为核心的医院以及网上医院等，开展国际国内专家面对面会诊、网上会诊、网上咨询、网上手术等医疗服务，进一步整合中国的肿瘤治疗体系。

二、案例分析

私募资本市场从来都不缺乏资本，企业能否私募融资成功，很大程度上依赖于企业是否有让人足够放心的商业模式。

灵顿商业模式的核心在于，通过构筑价值链某个环节的绝对竞争优势，参与到整条价值链价值分配中来：价值是由价值链上的一个个环节所产生的，一家企业一旦在某一环节上构筑起了绝对的竞争优势，便具备了与其他环节上的企业不同的谈判优势。此时，通过你的优势地位，即便你掌控的环节上利润极低，但是只要整个价值链盈利，你便可以分享其他环节的利润。

这个案例中，灵顿在癌症治疗这个价值链上的器械制造环节具备优势。单单出售机器，灵顿并不占优势，但是因为癌症治疗这条价值链盈利，灵顿只要保持这种优势，便获得了与治癌机构合作的谈判能力，从而掌控这个环节，分享整条链条带来的利润。

三、案例总结

从某种程度而言，商业模式实际上是根据企业的约束条件而进行的一种发展可能性的挖掘。在灵顿这个案例中，从卖中子刀到合作建医疗机构，是一种可能性的探索。对于需要进行私募融资的企业而言，重要的是通过商业模式的设计来寻找一种能够使资本看到前景的可能性，从而获得资本的青睐。

这种观念对于具有技术偏爱的企业家尤其重要，因为他们对技术和产品有着偏爱，在私募融资的过程中往往就产品而谈产品，就技术而谈技术。殊不知，一个产品要获得社会的认同才能有真正的价值，资本也才会看重，商业模式的设计非常重要。

术语解析

商业模式

商业模式是指一家企业创造价值、传递价值以及获取价值的核心逻辑与运行机制。它包括价值定位、目标市场定位、产品与服务、盈利模式、核心竞争力、市场营销模式与策略、竞争策略等。商业模式是一家企业运营成功的最为重要的关键要素之一，一个好的商业模式，奠定了企业成功的重要基础，因为它会赋予企业独特的竞争力，从而更容易促进产品销售，获得客户认同，从而获取更多收入与利润。

对于资本市场来说，拥有一个好的商业模式的企业必然赢得更多投资者的青睐，从而对其价值评估有显著的加持作用，因此，商业模式的优化也是企业资本运作的重要手段，它能迅速改变投资者对它的观感，形成对企业更加美好的期待，从而即使在不改变其他要素的背景下，亦能陡然提升企业的投资评估价值。

四、分析与思考

（1）试述本案例中商业模式优化的资本运作方案。
（2）请你设计或介绍一个通过商业模式优化而获得资本市场青睐的案例。

第二节 "多伦股份"变身"匹凸匹"案

导言

从上一个案例中，我们能够发现商业模式优化是资本运作的重要工具，优化商业模式看似不直接作用于资本增值，但是高超的商业模式优化操作结合必要的市场信号彰显，确实会推动公司即时股价，而如果优化后的商业模式能够被落实，则能显著提升公司内在价值，从而提高公司对投资者的长期吸引力与投资价值。然而，忽悠式的商业模式"优化"和信号传递，则可能对投资者合法权益形成伤害，并反过来损毁实施主体的市场形象，降低其商业信誉与投资价值。下面我们研究一个反例——"多伦股份"变身"匹凸匹"案。

一、案例简介

2015年上半年，中国股市像火箭一样飞起来了，股价不断攀升，但凡有个什么热门的概念，股价立刻持续拉升。在这样热得像火的市场环境下，各类经营产业走入没落，经营业绩长期不振的上市公司纷纷想着制造新概念，向热门行业靠拢。原来主营房地产及建筑材料售卖、热衷追逐概念的上市公司——多伦股份更不例外，它先从为公司更名下手。5月10日，多伦股份发布更名公告，声称它要做中国首家互联网金融上市公司，为此拟将名称变更为"匹凸匹金融信息服务股份有限公司"。此外，该公司还同时更改了章程，拟变更业务经营范围，将从旧有的主业转向从事互联网金融信息服务、金融软件研发和维护、金融中介等业务。这一奇葩名字，不仅引来大量吐槽，还引发了交易所的关注。5月11日，在多伦股份发布更名信息的次日，上交所便要求多伦股份对更名和转型事项进行详细的信息披露。当日，多伦股份回复，承认转型处于设想之中，目前没有正式业务，没有人员配备，没有可行性论证，经营范围变更也没有获得工商部门批准。5月12日，多伦股份再度被上交所问询并被要求停牌自查。

"公司改名是基于转型互联网金融业务的需要，为使公司名称能够体现业务需要而做出的决定。"5月14日下午，多伦股份在线投资者交流会上，执行董事李艳回应说。

尽管多伦股份的奇葩更名公告引起了监管机构的高度关注与疑虑，但其股票却在二级市场上受到"热捧"，连续收获多个涨停。然而，随着证监会的不断问询，而公司方持续没有实质性转型经营举措，匹凸匹进入持续暴跌通道。其股价从6月26日到7月7日累计下跌48.74%。

二、案例分析

以上就是"多伦股份"更名"匹凸匹"案整个经过。多伦股份的更名实际意图是想借着当年P2P互联网金融的风口完全改变经营模式以博取投资者的关注，同时在短期提升自己的股价，以获取减持、再融资等多项好处。显然，这是一个典型的消极商业模式"优化"的案例。多伦股份完全没有做好商业模式变更的准备，既没有相关资源，也没有相关人才和市场渠道，所以不仅被上交所实施问询行政监管，而且最终由于没有推进而归于失败。加上历史上多伦股份有多次更名的劣迹，"多伦股份"更名"匹凸匹"案最终成为资本市场的笑料，这也证明多伦股份当时并没有真正经营互联网金融的诚意和决心，只不过又想借资本市场的风口捞一把罢了。

值得一提的是，当时的"匹凸匹"公司如今又更名为"岩石股份"，经营起曾经一度红得发紫的白酒了。

三、案例总结

好的商业模式有助于公司资本价值的提升,而想借商业模式"优化"进行炒作,不仅无助于公司长期价值的提升,还有可能成为资本市场的笑料,从而被投资者所抛弃或远离。

 术语解析

多伦股份

多伦股份全名为上海多伦实业股份有限公司,其前身为经营建筑陶瓷产品的豪盛(福建)股份有限公司,它创建于1989年,并于1993年12月6日在上交所上市,股票代码为"600696"。后历经多次更名,现名为上海贵酒股份有限公司。

P2P

P2P是英文peer to peer的缩写,意为"个人对个人"的借贷。P2P起源于英国,随后发展到美国、德国和其他国家,其典型的模式为:网络信贷公司提供平台,由借贷双方自由竞价,撮合成交。资金借出人获取利息收益,并承担风险;资金借入人到期偿还本金,网络信贷公司收取中介服务费。

P2P网贷最大的优越性是使传统银行难以覆盖的借款人可以利用互联网手段方便地获取贷款。P2P在2012—2014年由于当时官方的鼓励及监管的缺位获得近乎疯狂的发展,后来出现大量平台举办者卷款潜逃及风控不力导致平台倒闭的现象,使得规模庞大的投资者遭受巨大的损失,于是,从2015年起政府对P2P进行了高压监管。2018年8月,互联网金融风险专项整治工作领导小组下发《关于报送P2P平台借款人逃废债信息的通知》,要求P2P平台尽快报送"老赖"信息。2019年9月,互联网金融风险专项整治工作领导小组、网络借贷风险专项整治工作领导小组联合下发《关于加强P2P网贷领域征信体系建设的通知》,支持在营P2P网贷机构接入征信系统。这意味着P2P业务进入了在法律法规的约束下规范发展的新阶段。

四、分析与思考

(1)如何辨别以有价值的市值管理为名搞歪门邪道的伪市值管理?

（2）你认为应如何利用商业模式优化工具对公司市值进行管理？

第三节　国美电器借壳上市案

导言

在 2008 年，黄光裕是中国民营企业界神一般的存在，彼时，万达集团的董事长在他面前都低眉顺眼，刘强东也只是小弟级的人物。黄光裕是国美电器的创始人，国美电器也正是因为黄光裕神级的光环而成为中国电器零售业令人侧目的行业老大，现在的老大——苏宁电器当时在它面前根本不值一提。而黄光裕的威望和辉煌也正是伴随国美电器的借壳上市逐渐走上巅峰。下面我们将以表格形式（表 5-1）对国美电器借壳上市的资本运作案进行详细介绍与分析。

一、案例简介

表 5-1　国美电器借壳上市过程

过程	时间节点	进程谋划	行动与结果	特别情况说明
借壳筹划	2000 年初	综合各种情况的权衡，国美决定放弃实施全过程的 IPO，转而寻求在香港借壳上市	2000 年，黄光裕结识了拥有"金牌壳王"之称的詹培忠，双方开始筹划国美电器借壳香港上市公司"京华自动化"上市	詹培忠当时正处于香港证监会诉其串谋伪造股份证明及侵害公众投资者权益一案，焦头烂额，急于寻找机会缓解自己的困境
前期铺垫	2000 年 7 月底	詹培忠谋划协助国美电器控股京华自动化	詹培忠以实控公司 Golden Mount 名义下的现金 5 600 万港元购得京华自动化第一大股东的绝大多数股份，实现了对京华自动化的控制	据传，这次收购行动动用的现金，实际上是由内地的真正"买家"提供
逐步控制京华自动化，并装入地产业务	2000 年 9 月	詹培忠加大对京华自动化的控制力度	京华自动化以全数包销的方式，增发 3 100 万股新股，价格 0.4 港元/股，募得 1 190 万港元，公司总发行股本增至 18 800 万股	1. 从 6 月的 1.2 港元/股到 9 月的 0.6 港元/股，配合这次供股 2. 本次配发的股份数量为 3 100 万股，折合公司已发行总股本的 19.7%，恰好低于 20%，因此，不需要停牌和经过股东大会决议过程

续 表

过程	时间节点	进程谋划	行动与结果	特别情况说明
逐步控制京华自动化，并装入地产业务	2000年12月6日	逐步实施黄光裕对京华自动化的控制	京华自动化以2 568万港元购买黄光裕实际控制的Smartech Cyberworks，现金支付1 200万港元，余下的1 368万港元以向卖方发行代价股的形式支付，每股价格0.38港元。黄光裕持股3 600万股（16.1%），成为京华自动化仅次于詹培忠（22.3%）的第二大股东，并通过BVI得到了上市公司支付的1 200万港元的现金	1. Smartech Cyberworks从新恒基地产（黄光裕哥哥黄俊钦的公司）购买位于北京鹏润大厦三间办公室，称购买价格是2 568万港元，已支付了首付款1 000万港元，但那三间物业当时并没有产权证 2. China Sino Technology与京华约定，保证在合同落实后至少两年的时间里，以18美元/平方米的价格租赁该物业 3. 代价股1 368万港元合36 003 500股，折合公司已发行股份的19.2%，又是恰好不超过20%
	2002年2月5日	黄光裕完全控股京华自动化，并将地产业务装入京华自动化	京华自动化增发13.5亿股新股，每股0.1港元，全部由黄光裕独资的BVI公司Shining Crown以现金认购。最终黄光裕合计持有85.6%的股份	黄光裕宣称买壳的现金支出1.35亿港元，全部进入上市公司发展地产业务，京华自动化的公众股价格在这轮利好消息的刺激下连翻了四倍
套现	2002年4月26日	独占上市公司地位谋划	黄光裕向机构投资者转让11.1%的股份，作价0.425港元/股。黄的持股比例降至74.5%，套现7 650万港元	减持股权比例，既保住了上市地位及一股独大，同时套现减压
	2002年4月10日	京华自动化出资现金加代价股合计1.95亿港元，收购Artway Development（由黄光裕持有）	将上市公司账面上的几乎全部现金1.2亿港元转入自己的账户，顺利解除收购"净壳"支付的大笔现金的资金链压力	1. Artway拥有北京朝阳区一处物业权益的39.2% 2. 黄套现上市公司现金，同时增持股份，白得了一个"净壳"

续 表

过程	时间节点	进程谋划	行动与结果	特别情况说明
套现				3. 公众股连翻四倍，詹把手中的公众部分大量地转给机构投资者，获利数千万元
	2002年7月	京华自动化正式更名为"中国鹏润"	—	中国鹏润在地产、物业等优质资产的带动下开始扭亏
	2003年7月	中国鹏润增加公众股	发19%新股，融资3 790万港元，增加公众股，公众股达总股本的33%。	为日后运作规避政策障碍
更名中国鹏润并装入国美电器	2003年初	重组"国美电器"，为将其装入上市壳公司作铺垫	黄光裕独资成立"北京鹏润亿福网络技术有限公司"，国美集团将94家门店全部股权装入"国美电器"，由鹏润亿福持有65%股份，黄光裕直接持有国美电器剩余35%股份	1. 65∶35的比例是为了回避商务部关于组建中外合资商业零售企业，外方股份比例必须在65%以下的限制 2. 注册"北京鹏润亿福网络技术有限公司"，借用国内高科技企业免税的优惠政策，回避出售股权需要支付的巨额所得税
	2004年4月	为借壳上市做准备	"北京鹏润亿福网络技术有限公司"把股权全部出售给了BVI公司Ocean Town（该公司由另一家BVI公司Gome Holdings全资持有，Gome Hodings为黄光裕独资公司）	回避商务部关于组建中外合资商业零售企业，外方股份比例必须在65%以下的限制的目的浮现
	2004年6月	国美电器完全装入上市壳公司	中国鹏润以83亿港元的代价，通过全资BVI子公司China Eagle，从Gome Holdings手中，买下Ocean Town。中国鹏润成为"国美电器"的第一大股东（65%）	1. 支付方式为向黄光裕定向配发及增发价值2.435亿港元的不受任何禁售期限制的代价股份；向黄光裕定向发行第一批价值70.314亿港元的可换股票据，相关换股权可在自票据发行

续 表

过程	时间节点	进程谋划	行动与结果	特别情况说明
更名中国鹏润并装入国美电器				日起三周年内的任何时点随时行使,满三年后强制行使;向黄光裕定向发行第二批价值 10.269 亿港元的可换股票据,相关换股权仅于北京国美偿还所欠国美电器相关债务后方可行使 2. 支付手段用代价股份和可转换票据(与代价股并无实质区别,只不过是为了回避无条件收购退市风险而使用的财务技巧) 3. "中国鹏润"的现金已经掏空,此时黄已经控制了"中国鹏润"66.9%的股权 4. 83 亿港元的代价股和可转换票据,使"中国鹏润"的股本增大十余倍,黄的个人持有量高达 97.2%
套现	2004 年 7 月	完全装入地产业务后,谋求套现失败	7月中旬首次以每股 4.85~6.53 港元,配售 5.75 亿旧股,占已发行股本 35%。安排行荷兰银行见反应欠佳,将配股价调低至每股 4.05~4.85 港元,配售规模亦缩减至 4 亿股,仍未获足额认购,最终被迫取消配股行动	黄光裕 4 个月内两度尝试在市场配售旧股,共三度减价,配股价由最高的每股 6.53 港元调低至最低的 3.975 港元,高低幅度相差约 40%
	2004 年 9 月	完成借壳上市,黄光裕第二次谋求套现	2004 年 9 月 6 日,中国鹏润发布更名公告,百慕达公司注册处已批准公司更改名称为"国美电器",股份代号维持不变。 9 月 28 日,黄光裕拟以每股 3.975 港元配售	

续 表

过程	时间节点	进程谋划	行动与结果	特别情况说明
套现			2.4亿股国美旧股，集资9.54亿港元，配股价较国美停牌前大幅折让15.4%。最终成功套现近12亿港元。 基金成为最大的接盘者，包括惠理基金（Value Partners）、摩根士丹利及Fidelity	—
	2004年12月16日	第三次套现	黄光裕通过荷银洛希尔配售2.2亿股股份，每股作价6.25港元，较停牌前折让4.58%。最终套现13.75亿港元，持股比例由此前的74.9%下降到65.5%	—

二、案例分析

2001年国美电器的销售额已攀升至几十亿元，成为中国家用电器零售业第一品牌，苏宁电器等同行业也相继上市。自然而然，作为中国家用电器零售业第一品牌的国美电器谋求上市也就成了其当时的第一要务。

综合各种情况的权衡，国美电器决定不采取全过程的IPO，而寻求在香港市场借壳上市。过程中，黄光裕及其控制的国美电器采取了各种资本运作手段与工具，下面我们进行详细分析。

（一）精心选择借壳代理人

为了加速借壳进程、提高运作效率，黄光裕选择极为专业、有"金牌壳王"之称，却又官司缠身的詹培忠作为其合作伙伴。这样选择非常明智，因为这种陷入人生窘境的人为了脱离窘境，必然希望尽快取得某种成功，其合作与努力做事的意愿应该更加强烈。同时因为其专业，所以其策略选择和推进效率也很优秀，后来借壳进程推进速度与效率证明这个选择的确不错。

（二）精心设计公司构架

为了规避中国商务部有关境外上市的公司股权结构政策限制及香港上市的各种政策

限制，提高工作效率与借壳进程，黄光裕及国美电器进行了多层公司嵌套的公司构架安排、恰到好处的股权结构安排及逐步合法合规推进的公司入股进程，包括设立北京鹏润亿福网络及多家 BVI 公司，并且每次设立公司都精心选择规避法规限制的股权比构成，并逐次有序推进公司入股和嵌套层次。这些运作比较复杂，但都是围绕法规政策的相关规定而进行的精心设计，为后续中资公司赴港及其他境外市场上市提供了一个案例。

(三) 精心设计资产注入

为了提高借壳上市后的融资规模及融资效率，黄光裕不断根据经济发展及市场环境情况，注入热点资产，包括房地产业务及叱咤中国电器零售业的国美电器等，这些都立竿见影地大幅提高了壳公司的股价，也显著提升了上市公司再融资及后来黄光裕的套现规模与套现效率。

(四) 精心设计和包装装入上市公司资产的优质性

为了提高装入壳公司资产的市场吸引力，黄光裕先后安排其旗下公司购入房地产等物业资产，重组国美电器门店等，这都有效提升了装入资产的市场吸引力，为拉抬上市公司股价起了十分重要的作用。

(五) 醉心套现，无心主业使黄光裕走上不归路

黄光裕运作国美电器借壳上市成功后，充分领略和享受到资本市场套现暴富的魅力，从此无心主业，全部心思都放在以上市公司为平台进行资本运作上，终于于 2008 年被拘押，并于 2010 年以内幕交易等多项与资本运作有关的罪名被判处 14 年有期徒刑，并处罚金 6 亿元，没收财产 2 亿元。

三、案例总结

国美电器借壳上市案显示：为了规避香港借壳上市的各种境内外政策障碍，黄光裕运用了包括离岸公司设立、多层公司嵌套、分步扩股安排等复杂的交易结构安排，它虽然使得国美电器借壳上市的过程及方案显得十分复杂，但为中资公司赴港甚至赴其他境外市场上市提供了一个案例。

但是，黄光裕借壳过程中的各种规避政策的设计充斥着算计，进而助长了黄光裕的极为激进的法律边缘游走和投机冒险的心理。其借壳上市成功后的急于疯狂套现的行为，也表现了黄光裕无心主业经营而醉心资本运作获取暴利的赌徒心态愈演愈烈，再也无法收拢。短期获取巨额暴利也使得黄光裕的帝王心态越加放纵。这些都直接导致黄光

裕走向不归路，进入监狱。

本案例告诉我们，在资本市场上遵纪守法和运用聪明才智同样重要，而且即便取得辉煌的成就，也应该保持尽可能的低调，并多做公益，更多奉献国家与社会，否则迟早都可能走向覆灭之路。

 术语解析

买壳上市

买壳上市是非上市公司作为收购方通过协议方式或二级市场收购方式，获得壳公司的控股权，然后对壳公司的人员、资产、债务实行重组，向壳公司注入自己的优质资产与业务，实现自身资产与业务的间接上市。

借壳上市

借壳上市是指一家私人公司（private company）通过把资产注入一家市值较低的已上市公司（壳，shell），得到该公司一定程度的控股权，利用其上市公司地位，使母公司的资产得以上市。通常该壳公司会被改名。

与一般企业相比，上市公司最大的优势是能在证券市场上大规模筹集资金，以此促进公司规模的快速增长。因此，上市公司的上市资格已成为一种"稀有资源"，所谓"壳"就是指上市公司的上市资格。由于有些上市公司机制转换不彻底，不善于经营管理，其业绩表现不尽如人意，丧失了在证券市场进一步筹集资金的能力，要充分利用上市公司的这个"壳"资源，就必须对其进行资产重组，买壳上市和借壳上市就是更充分地利用上市资源的两种资产重组形式。

借壳上市一般都涉及大宗的关联交易，为了保护中小投资者的利益，这些关联交易的信息皆需要根据有关的监管要求，充分、准确、及时地予以公开披露。

借壳上市和买壳上市的共同之处在于，它们都是一种对上市公司壳资源进行重新配置的活动，都是为了实现间接上市，它们的不同点在于，买壳上市的企业首先需要获得对一家上市公司的控制权，而借壳上市的企业已经拥有了对上市公司的控制权。

从具体操作的角度看，当非上市公司准备进行买壳或借壳上市时，首先碰到的问题便是如何挑选理想的壳公司，一般来说，壳公司具有这样一些特征：所处行业大多为夕阳行业，主营业务增长缓慢，盈利水平微薄甚至亏损；此外，公司的股权结构较为单一，以利于对其进行收购控股。

在实施手段上,借壳上市的一般做法是:首先,集团公司剥离一块优质资产上市。然后,通过上市公司大比例的配股筹集资金,将集团公司的重点项目注入上市公司。最后,通过配股将集团公司的非重点项目注入上市公司,实现借壳上市。

与借壳上市略有不同,买壳上市可分为买壳—借壳两步走,即先收购控股一家上市公司,然后利用这家上市公司,将买壳者的其他资产通过配股、收购等机会注入进去。实现借壳上市或买壳上市,首先必须结合自身的经营情况、资产情况、融资能力及发展计划,选择规模适宜的壳公司。壳公司要具备一定的质量,不能有太多的债务和不良债权,具备一定的盈利能力和重组的可塑性。接下来,非上市公司通过并购,取得相对控股地位,要考虑壳公司的股本结构,只要达到控股地位就算并购成功。其具体形式有三种:

(1) 通过现金收购,这样可以节省大量时间,智能软件集团即采用这种方式借壳上市,借壳完成后很快进入角色,形成良好的市场反应。

(2) 完全通过资产或股权置换,实现"壳"的清理和重组合并,容易使壳公司的资产、质量和业绩迅速发生变化,很快实现效果。

(3) 两种方式结合使用,实际上大部分借"壳"或买"壳"上市都采取这种方法。

非上市公司进而控制股东,通过重组后的董事会对上市壳公司进行清理和内部重组,剥离不良资产或整顿提高壳公司原有业务状况,改善经营业绩。

BVI 公司

BVI 公司是指在英属维尔京群岛(BVI)注册的离岸公司。这类公司注册地与经营地分离,不受注册地政府制定的区域内一般企业规制约束,除向当地政府交纳少量的年度管理费之外,无需缴纳任何税金,管理十分宽松。同时,所有的国际大银行都承认这类公司,为其设立银行账号及财务运作提供方便。BVI 公司有高度的保密性、减免税务负担、无外汇管制三大特点,因此,英属维尔京群岛是避税天堂,许多人在此注册公司后异地经营。

四、思考与分析

(1) 国美电器借壳上市案涉及的资本运作手段与工具有哪些?

(2) 国美电器在借壳上市的过程中进行了哪些关键操作?

第四节 "安邦帝国"构建案

导言

2020年9月14日,安邦保险集团发布公告称,集团股东大会决议解散公司,并成立清算组(筹)。公司将按照法律法规向中国银保监会申请解散,在取得相关行政许可后及时组织清算。这意味着,这家保险巨鳄正式退出历史舞台。"安邦集团"曾是拥有最大注册资本和多家保险公司、银行、房地产公司及上市公司的保险集团,其总资产达2万亿元,掌控的总财富更是高达3.2万亿元。安邦集团在2014年之后的短短4年里成为中国最有影响的"金融巨鳄",其间充斥着掌舵人吴小晖的伪善、欺骗与资本权谋,可以说"安邦帝国"的构建史就是其主角吴小晖的资本犯罪史。那么,"安邦帝国"的构建过程究竟是什么样的呢?下面我们详细探寻。

一、案例简介

2004年,包括上海汽车集团(下称"上汽集团")在内的7家法人单位合作成立了安邦财产保险股份有限公司(下称"安邦财险"),并在北京开设第一家分支机构,这是安邦集团的前身。然后,依托上汽集团,从2005年开始,安邦财险在上汽的4S店代理销售车险,当年,安邦财险的保费收入就突破了10亿元。2008年,成立仅4年的安邦财险成为全国第一家获得许可,可同时在全国所有省区市开展电话营销的保险企业,这再次推动了安邦财险的业务爆发式增长。2010年,安邦人寿成立,其注册资本为37.9亿元。同年,安邦收购瑞福德健康保险股份有限公司,并更名为"和谐健康保险股份有限公司"(下称"和谐健康")。至此,安邦系拥有财险、寿险、健康险等多块牌照,安邦系保险金融集团雏形基本形成。

经过多次增资扩股,至2011年底,中国石油化工集团公司(下称"中石化")成为安邦保险最大的单一股东,而上汽集团、联通租赁集团有限公司、标基投资集团有限公司等三家企业也居安邦财险大股东之列。

2011年,保监会批准安邦财险进行集团化改组。同年12月31日,新的安邦财险成立,注册资本金为370亿元。2012年,安邦保险集团股份有限公司成立。同年,安邦财险入股成都农商行并获得35%的股份,成为第一大股东,同时,安邦系多位人士进入成都农商行管理层。彼时,成都农商行保持着高速增长的势头,截至 2010 年底,成都农商行的资产总额已达 1 603 亿元,而作为"战略投资者"的安邦财险,当时的注册资本只有 51 亿元,总资产 256.74 亿元。这笔被外界称为"蛇吞象"的收购,让安邦财险资产规模达到 1.45 万亿元。

如此惊人的增长,得益于保险市场化的进一步深化。2015 年 2 月 16 日,保监会发出通知,废除 2007 年开始执行的《万能保险精算规定》,取消万能险不超过 2.5% 的最低保证利率限制,将万能险产品利率市场化,改由保险公司自行决定,并从当日起正式执行这一政策。于是,市场上销售的万能险整体收益率高达 6%~7%,个别万能险产品利率高达 8%。这催生了一批险资新贵,安邦人寿、前海人寿等新进寿险公司的产品结构都更加偏重投资型寿险产品,其中万能险、分红险等投资类险种占公司总保费的比例远高于传统寿险产品。保险资金也疯狂增长,2016 年,安邦人寿原保险保费收入约为 1 142 亿元,而被认为代表万能险规模的保户投资款新增交保险费高达 2 162.9 亿元。

与此同时,险资在资本市场高调出手,对一些知名的实体类上市公司频频举牌。2014 年举牌民生银行(600016.SH),安邦系一战成名。同年 11 月起,安邦系加快了对民生银行增持的步伐,11 月底持股比例超过 5%。此后十几天,安邦系快速加码,当年 12 月 19 日,民生银行发布公告称,安邦系持股比例合计 10%,成为民生银行第一大股东。安邦系并未止步于此,截至 2016 年,安邦系合计持有民生银行 16.79% 的 A 股股权。安邦系的强势杀入,改变了民生银行 1996 年成立以来的股权结构。民生银行是中国第一家主要由民营企业发起设立的全国性股份制商业银行,注册资金为 13.8 亿元,总股本为 1.38 亿股,创始股东数高达 59 家,其中 48 家为民营企业,股东最大持股比例仅为 6.54%,股权极为分散。之后,民生银行历经多次股权变更,虽有所集中,但单个股东持股比例从未超过 10%,始终未曾出现一股独大的局面。但股权分散的民生银行最终却成为安邦系的"猎物"。而投入巨资的安邦系所图谋的似乎并非成为财务投资者那么简单,越来越多的信号显示其在民生银行提升话语权的努力。2017 年 1 月,民生银行发布公告称,与安邦集团签署代理销售金融产品业务合作框架协议。如此一来,民生银行能够提升其零售业务中介业务收入规模,安邦集团则扩大产品销售渠道。其实在民生银行之前,招商银行(600036.SH)就已成为安邦系瞄准的目标。2013 年 12 月 10 日,安邦财险持股比例达到 5%,此后安邦财险一路增持,招商银行 2014 年报显示,其持股比例达 10.72%,而截至 2017 年 3 月 31 日,安邦财险始终保持这一持股比例。

除去举牌招商银行、民生银行,2016 年初,安邦系还成为工、农、中、建四大行排名前十的股东。

在银行股之外,安邦系近年来在 A 股市场一路攻城略地。据不完全统计,安邦系曾举牌万科A（000002.SZ）、大商股份（600694.SH）、金融街（000402.SZ）、欧亚集团（600697.SH）、中国建筑（601668.SH）等10余家上市公司。

对于安邦系的投资选择，吴小晖颇为满意。2015年初，吴小晖曾公开表示："我们买招商银行时是6块多开始买的，现在已经14块多了。另外民生银行大家都在抛售的时候我们买了，5块多开始买的，现在9块多了。"吴小晖称，安邦投资的底线是，所选公司的PB（平均市净率）低于1，ROE（净资产收益率）高于10%。

2014年，就在安邦系举牌民生银行"一战成名"之时，安邦系在海外的大手笔并购更是引发全球关注，而其投资逻辑与在国内似乎并无二致，仍是金融与地产。

2014年10月6日，安邦集团宣布以19.5亿美元（约合120亿元人民币）收购希尔顿集团旗下位于纽约的华尔道夫酒店。4个月后，此次收购获得美国外国投资委员会的批准，安邦集团以每平方米约7.3万元人民币的价格，获纽约核心地标永久产权。

2017年3月26日，在博鳌亚洲论坛期间，吴小晖表示："这个酒店等于是我们通过市场赚来的，不花一分钱。"当时，另一位对话嘉宾朱云来称："吴总遇到了天上掉馅饼的好事。"

收购华尔道夫酒店后，安邦集团大肆在全球地产领域进行投资的消息频出。2015年7月，安邦系以7.5亿英镑的出价外加合作协议的形式竞购伦敦金融城最高建筑Heron大厦；8月，有媒体爆出安邦拟斥资10亿美元竞购日本房地产资产管理公司Simplex Investment Advisors。

在金融领域，安邦集团也掀起疾风暴雨般的收购。2014年10月13日，安邦集团宣布收购比利时FIDEA保险公司，这是中国保险企业首次100%股权收购欧洲保险公司；12月16日，安邦集团宣布收购比利时德尔塔·劳埃德银行。

2015年2月16日，安邦集团宣布，正式收购荷兰VIVAT保险公司，这是中国企业首次进军荷兰保险市场。就在第二天，2月17日，安邦集团宣布收购韩国东洋人寿并保持其上市地位，这一次安邦集团成为首次进入韩国保险市场的中国公司。

2016年4月，安邦保险海外子公司与安联保险集团（Allianz SE）在韩国联合宣布，安联集团向安邦保险海外子公司出售韩国安联人寿和韩国安联资产管理。韩国安联保险成立于1954年，系韩国第二历史悠久的人寿保险公司。截至2015年底，其总资产约150亿美元，在韩国拥有110万客户。

海外大举扩张后，安邦系海外资产迅速膨胀。以安邦人寿为例，截至2016年年底，安邦人寿总资产达到1.45万亿元，其中海外保险资产达9 000多亿元，占总资产比例超过60%。

对外并购的狂潮加剧了政府对资产外逃的担忧，于是，国内资本借道并购转移至海外的情况成为监管重点之一。2016年11月底,外管局出台新规,要求规模超过500万美元的交易都须经批准,此前,这一门槛是5 000万美元。

据英国《金融时报》报道,监管加强和外汇限制导致30笔对欧洲和美国企业的收购交易落空。

2017年6月,吴小晖被捕。

安邦集团股权结构如图5-1所示。

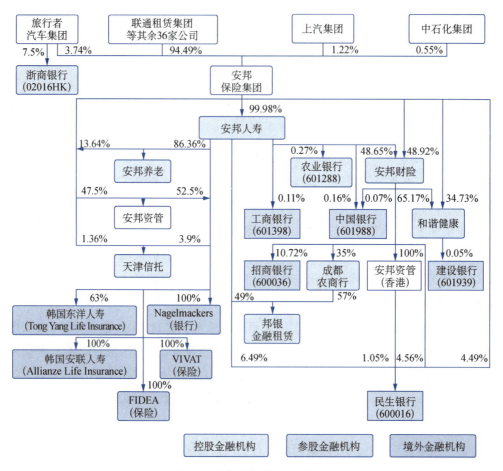

图5-1 安邦集团的股权结构图

二、案例分析

(一)安邦集团的犯罪行为

1. 拥有市场特权

众所周知,安邦集团被人称为"权贵资本",这意味着安邦保险拥有行政特权,这种行政特权赋予安邦市场特权，市场特权带来超额利润，于是，各路资金、热钱蜂拥而至，使得安邦保险拥有巨大的资金撬动能力，毫无疑问，这将有利于安邦在资本市场攻城略地。

2. **通过复杂架构，虚假出资，循环注资**

对吴小晖的庭审信息显示，安邦的股东结构犹如一个迷魂阵。吴小晖借用职务便利，以股权投资等名义将安邦财险的保费资金划出，经过层层流转，最终进入其实际控制的31家产业公司，然后作为自有资金转入安邦资本金账户对"安邦财险""安邦集团"等进行增资，从而构建起"安邦帝国"并成为其大股东之一。安邦还曾以86个自然人的名义，用5.6亿元的资金，投资于49家号称总注册资本达24亿元的企业，再层层以"蛇吞象"的控股方式，撬动对安邦98%股权、600多亿元的注册资金和超过19 000亿元的资产的最终控制。

粗略测算，安邦自己向自己"增资"了将近300亿元。当然，根据庭审信息，这些成果大都以安邦集团股权的名义装入了吴小晖的个人腰包。

（二）吴小晖及其"安邦帝国"的覆灭

由于拥有绝大多数人及机构难以企及的行政特权，吴小晖和他的安邦帝国表现出难以遏制的高调和强烈的资产扩张冲动。

2014年，安邦以天价购买了美国纽约著名的老牌五星级酒店——华尔道夫，几乎在一夜之间变得尽人皆知。随后，安邦在A股市场上展开了大收购，扫货对象包括民生银行、金融街、金地集团、大商股份、远洋集团、华富国际等。

在国际市场上，安邦更是成为大陆企业出海收购的"带头大哥"，先后在欧、美、韩收购、入股了多家保险公司、银行、商业地产。

这种高调和日益引人注目的资产扩张速度使得管理层面临越来越大的监管压力，最终导致吴小晖和安邦帝国的覆灭。

2018年5月10日，上海市第一中级人民法院以集资诈骗、职务侵占等罪名判处吴小晖有期徒刑18年，剥夺政治权利4年，并处没收财产人民币105亿元。

三、案例总结

靠政商关系建立的市场特权是不可持续的，违法行为必将受到法律制裁，值得所有资本市场人士的警惕。

高调加上引人注目的财富效应很容易致人翻船。

术语解析

万能险

万能险也称万能保险,是指包含保险保障功能并至少在一个投资账户拥有一定资产价值的人身保险产品。万能险所缴保费分成两部分,一部分用于保险保障,另一部分用于投资账户。保障和投资额度的设置主动权在投保人,可根据不同需求进行调节;账户资金由保险公司代为投资理财,投资利益上不封顶、下设最低保障利率。因此,万能险除了同传统寿险一样给予保护生命保障外,还可以让客户享有投资回报,从而对客户产生较大的吸引力。

世界上第一款万能险于1979年在美国诞生。由于其缴费灵活与保障可调等特点,万能险一经推出就受到了市场的青睐。LIMRA(美国寿险行销调研协会)统计显示:美国市场1985年万能险占比为38%,此后一直保持在25%左右;在2003年第一季度,万能险市场占比又提升至32%。从20世纪80年代中期开始,万能险在欧洲各国也显示了强大的市场生命力。在很短的时间内,就抢占了英国、荷兰等国的保险市场。在万能险登陆亚洲市场以后,又迅速风靡日本、新加坡、中国香港等地,成为市场销售的主力险种之一。

2000年万能险被引入我国内地。万能险在我国内地的发展共经历了四个阶段。

(1) 2000—2007年:保监会实施了较为严格的保费管制,于是保险公司纷纷利用万能险的投资收益上不封顶的规则集聚客户,规避管制,万能险迎来了一波快速增长。

(2) 2008—2011年:中国内地的资本市场在低位震荡,加之全球金融危机导致监管收紧,万能险的发展受阻,进入停滞的区间。

(3) 2012—2016年:万能险成为中小非上市公司以高收益率招徕顾客的主要工具,进入了超高速增长轨道,甚至出现了无序增长的现象。

(4) 2016年末至2017年末:监管新政的出台使万能险进入了逐步规范的阶段,保费收入出现明显回落。

万能险第三阶段的超高速增长得益于监管层2012—2013年间出台的一系列刺激保险业的政策。在此之前,预定利率的严格管制使保险产品的投资收益远不如其他金融产品来得高。当保费增速放缓后,整个保险行业快速地坠入低谷。2012年,保险公司利润总额为466.55亿元,同比减少198.44亿元,下降29.84%。其中,寿险公司利润仅有69亿元,同比减少305.36亿元,下降81.60%,集体的生存困境横亘在广大保险企业面前。

为了挽救衰退中的保险业,当时的保监会于2012年6月举行了"保险投资改革创新闭门讨论会",商议十余项保险投资新政。2012年7月—2013年1月,扩大保险企业投资对象的十三条新规陆续颁布,旧的条例被同时废止。自此,保险资金被准许投资债券、股权和不动产、理财产品等证券化金融产品、金融衍生品、股指期货,另外保监会对境外投资和委托投资也给予了行政上的认可。

在这样的背景下,万能险因其保险和理财产品的双重灵活属性,成为前海人寿、恒大人寿和安邦人寿等众多中小人身保险公司发展战略中的关键一环。它们利用万能险实现净利润高增长:将万能险保费所带来的现金流大量投资于高收益的股票市场,再用高额的投资收益率吸引更多的客户购买万能险产品。节节攀升的万能险收益率在2015年底发展到惊人的地步,高额的收益率吸引了众多投资者,而万能险也成了保险公司的"吸金钵"。截至2016年末,前海人寿、安邦人寿的万能险保费收入占保费总收入的比例仍维持在80%左右。

四、思考与分析

(1) 试述安邦保险失败的原因。

(2) 请结合相关资料详细分析"安邦帝国"得以建立的筹资及注资模式。

(3) 试比较分析安邦保险与前海人寿的发展历程及不同结局,思考两者结局不同的原因。

第五节 申银万国借壳上市案

导言

申银万国与宏源证券合并上市案是同一国有控股股东的国有企业上市的典型案例,它的模式值得所有具有国有控股优势、想打包上市的企业在设计上市方案时进行借鉴。因为这个案例实际上揭示,只要企业的控制权在政府,那么其合并上市模式及对价安排都可以由政府以最便捷和成本最低的方式设计与实施。推而广之,该案例对于具有其他共同控股母体的公司的上市也是适用的,换句话说,只要控股母体对于其麾下各公司的合并、分立等重大事项具有决定权,那么它们都可以根据最便捷和成本最低的原则设计目标公司的上市方案。下面我们对相关案例进行详细介绍与分析。

一、案例简介

(一) 相关企业背景

1. 申银万国证券股份有限公司简介

申银万国是申银万国证券股份有限公司的简称,香港股票市场的代码为00218.HK。1996年7月16日,位于上海的申银证券和万国证券经过有关部门的审批,正式整合组建为申银万国证券股份有限公司,这是中国最早设立的一家股份制证券公司。公司在成立之初注册资本为13.20亿元,之后经过几次增资,截至2014年8月,注册资本为67.16亿元。当时,中央汇金投资有限责任公司对申银万国拥有实际控制权,持有约55.38%的股权。申银万国经营范围广泛,除证券公司的基础业务:证券经纪,证券投资咨询,与股票交易、股票投资活动相关的财务顾问,证券自营等业务外,还有较为开拓性的证券承销与保荐业务、证券资产管理业务、证券投资基金代销、为期货公司提供中间介绍业务,还有向发达国家成熟市场学习的融资融券业务及国家有关管理机关批准的其他业务。截至并购前,申银万国在中国资本市场历史上留下了深深的足迹,曾在多个方面取得"第一":参与代理中国证券市场第一张A种股票的发行,建立了中国证券市场的第一个证券交易柜台,设计并编制了我国第一个证券指数,作为主承销商参与中国证券市场第一只B股等,也包括第一次业内并购。同时,申银万国16家分公司、169个证券营业部分布于全国各地。在2011—2013年三年间,申银万国的大部分收入来自代理买卖股票业务收取的费用、基金分仓业务的管理费以及代理销售金融产品三个方面,实现了经济业务规模跳跃式的上涨,综合涨幅达到77%,同时,市场占有率稳定在5%左右。

2. 宏源证券股份有限公司简介

宏源证券是第一家登上中国资本市场舞台的上市证券公司,其股票代码为000562.SZ。同时,宏源证券在中国证券会的监督检查、审批下,成为我国第一批获得保荐业务资格的全国性、综合类、创新型证券公司之一。宏源证券也是唯一一家在新疆地区注册的证券公司,有其特有的地理位置优势。1994年2月2日,宏源证券前身宏源信托于深圳交易所挂牌上市,初始注册资本为1.75亿元。一直到2000年9月,宏源信托经过中国证券监督管理委员会的批准正式以宏源证券股份有限公司亮相。在数年的发展过程中,宏源证券通过派送红股、配售新股、转增股本等方式,截至2014年并购前的8月总股本达到39.72亿股。公司的控股股东为中国建银投资有限责任公司,但最终控制人为中央汇金投资有限责任公司(以下简称"中央汇金")。在全国范围内,宏源证券设置了4个分公司、139家证券业务营业部。公司的业务经营资格范围较为广泛，主要分布在以下几项中：证券经纪业务、证券投资咨询业务、涉及证券投资活动的财务顾问服务、客户资产管理等。宏源证券最大的优势便是其投资银行业务，作为宏源证券的核心业务之一，自从我国证券市场为保证上市公司质量，开始实行核准制以及保荐制以来，宏源证券的投资银行业务一直处于行业的顶端，推荐的发行项目过会率接近100%。

3. 并购双方的关联关系

在并购发生前，申银万国与宏源证券是在中央汇金的同一控制之下，其中中央汇金对申银万国的直接控股比例为55.38%，而对宏源证券是通过中国建投间接占有60.02%的股权，从而构成了同一控制下企业的并购。

（二）并购过程

申银万国与宏源证券的并购方式为互相交换股票。申银万国股份有限公司向宏源证券的股东增发股票，利用增发股票来换取宏源证券的股权，从而以此方式达到并购的目的。根据中国证监会的相关规定及公司实际状况，并购方案宣布宏源证券对应的换股价格调整为每股9.96元；申银万国换股价格的确定，依据相关机构的评定报价，最后调整为每股4.86元，所以申银万国与宏源证券的换股比例确定为2.049∶1。但在另一方面，为使申银万国和宏源证券双方股东有更充分的自我选择权，更好地保护其利益，方案补充了额外的选项，即双方股东拥有现金选择权和退出请求权，申银万国和宏源证券分别给出每股4.86元和8.12元的报价作为现金选择权价格。

申银万国作为汇金旗下的老牌券商，IPO的进度却远远落后于它的后辈券商。1996年由申银证券和万国证券合并而成的申银万国虽然是我国第一家股份制证券公司，但是因为申银万国的实际控制人汇金公司还控股有多家券商，受到"一参一控"，即同一股东或实际控制人只能同时控股一家券商、参股另一家券商政策的限制，不符合申请上市的规定条件，迟迟不能于A股上市。从2007年申银万国上市计划提上日程以后，历任公司领导都在为早日进行IPO而努力，申银万国在上市之路上进行了诸多探索，从A股、H股到境外IPO、借壳上市，公司不放弃任何上市的可能性。对于证券公司而言，净资本对业务的开展、公司规模的扩大及公司发展起到至关重要的作用，没有规模就没有竞争力，如果不能上市，无法利用资本市场的资金资源，公司的发展就会受到很大限制。在竞争对手纷纷成功上市，上市日益紧迫之际，申银万国考虑到IPO申请等待的时间成本以及诸多不确定因素，最终放弃了IPO，而选择通过合并重组的方式曲线完成上市。如此一来，申银万国将不再受到"一参一控"的限制，上市时间也大大缩短。由于申银万国和宏源证券的实际控制人均为汇金公司，同时两家公司背后的上海市政府和新疆维吾尔自治区政府相互妥协让步，最终在控股股东的大力支持下，申银万国与宏源证券得以重组，申银万国成功曲线上市。

二、案例分析

（一）选择最佳上市方案

毫无疑问，如果仅凭财务条件，申银万国上市完全没有问题，因为无论从资产规模、经营能力还是盈利水平来看它都比宏源证券强大得多，然而受制于政策规定，申银万国无法在 A 股上市。实际上它也可以考虑到境外上市，但是从溢价水平看，境外上市比 A 股上市要差得多，从时间上看，如果做全新 IPO 规划，上市所花的时间也长得多。而根据当时的条件，如果借壳同一控股股东的上市公司宏源证券，不仅对宏源证券提升资本市场价值极为有利，而且可以大大缩短上市时间和减少上市成本。于是，最终申银万国选择借壳宏源证券曲线上市。

（二）选择最佳并购支付方式

本案中，申银万国并购宏源证券选择了换股吸收合并，采用股票支付方式，很好地权衡了两家公司的股东权益，规避了现金支付方式所带来的现金流过大给申银万国造成的融资风险，同时也避免了债券融资所造成的巨大财务费用。换股吸收合并不但为申银万国省去了一大笔资金，而且从宏源证券的角度分析不难发现，倘若申银万国采用现金的支付方式进行合并，那么宏源证券股东在收到出售股份所得现金时需要纳税。并且如果宏源证券的原有股东想要拥有合并后申万宏源的股票，将再次交纳税款。因此，从纳税角度考虑，宏源证券的股东更加青睐于换股吸收合并。

三、案例总结

只要所有企业的控制权在政府，那么其合并上市模式及对价安排都可以由政府以最便捷和成本最低的方式设计与实施。推而广之，只要某个主体可以有效控制相关企业，那么相关企业合并上市模式及对价安排都可以由该控制主体以最便捷和成本最低的方式设计与实施。这对于有强大整合能力的民营机构推动整合打包众多小微企业上市有重要借鉴意义。

上市的可能性不一定和企业实力成正比，聪明的模式选择与策略安排至关重要。

术语解析

B股

B股的正式名称是人民币特种股票，是以人民币标明面值，以外币认购和买卖，在中国境内（上海、深圳）证券交易所上市交易的外资股。

B股公司的注册地和上市地都在中国境内。

H股

H股是指注册地在内地、上市地在香港的中资企业股票（因香港英文 Hong Kong 首字母得名 H 股）。H 股为实物股票，实行"T+0"交割制度，无涨跌幅限制。中国内地机构投资者和个人投资者均可以投资 H 股，但内地个人投资者证券账户和资金账户之和需超过 50 万元。

四、思考与分析

请借鉴申银万国、宏源证券合并上市案，设计民营机构推动众多民营小微企业打包上市方案。

第六节　宝能集团举牌万科案

导言

宝能举牌万科可以说是2015年资本市场影响最大的事件，整个过程围绕万科地产的控股权之争及宝能集团的资金链问题险象环生、悬念迭起，足可以拍成资本市场大戏。宝能举牌万科事件可以说是我们学习资本运作的精彩案例。本案例分析试图探索：宝能集团如何在举牌万科争夺万科控股权的过程中利用资本运作工具长袖善舞，屡次在资金链即将断裂时化险为夷，并最终赚得盆满钵满？它又为什么能够撬动如此巨额的资金呢？

一、案例简介

(一) 案例各方情况简介

1. 宝能集团

宝能集团,即深圳市宝能投资集团有限公司,是宝能系的核心企业。宝能集团创始于1992年,前身为深圳市新保康实业发展有限公司(下称"新保康"),总部位于深圳。

宝能集团2000年成立时,注册资本3亿元,姚振华是其唯一的股东。

宝能集团旗下包括综合物业开发、金融、现代物流、文化旅游、民生产业等五大板块,下辖宝能地产、前海人寿、钜盛华、广东云信资信评估、粤商小额贷款、深业物流、创邦集团、深圳建业、深圳宝时惠电子商务、深圳民鲜农产品多家子公司。

2003年,宝能入股深业物流,一直控股到40%多,2006年进行分拆,分拆的结果是拿到深业物流品牌的使用权。这是宝能资本积累最重要的一步。

2005年,深圳宝能太古城的成功让宝能系掌舵人姚振华看到了城市综合物业开发的商业契机。

2009年起,宝能发力全国业务,综合物业开发进驻全国七大区域。宝能已进驻华南、华北、东北、西北等30多个重点城市。其土地储备也十分可观。2012年的一份资料显示,宝能在全国范围内直接、间接的土地储备已超过2 000万平方米。

2012年,宝能集团联合发起成立前海人寿保险股份有限公司,金融被纳入版图。至此,宝能系已构筑了一个集地产、金融、物流、医疗、农业等众多产业的庞大商业帝国(图5-2)。

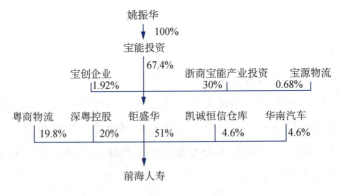

图5-2 宝能集团的股权结构

2. 万科集团

万科集团,即万科企业股份有限公司(上市证券简称为万科A,证券代码为

000002，证券曾用简称为深万科A、G万科A），公司成立于1984年5月，总股本1 099 521.02万股（2008年第二季度），总部位于中国广东省深圳市盐田区大梅沙环梅路33号万科中心，现任董事会主席郁亮。原董事会主席王石是万科的创始人，是中国地产业的标杆人物。

万科集团在地产中国网举办的红榜评选活动中，连续三次上榜。2016年8月，万科在"2016中国企业500强"中排名第86位。2018年7月19日，2018年《财富》世界500强排行榜发布，万科位列332位。2018年12月5日，万科获评第八届香港国际金融论坛暨中国证券金紫荆奖最具投资价值上市公司。2019年7月，《财富》世界500强榜单公布，万科位列第254位。2019年8月22日，2019中国民营企业服务业100强榜单发布，万科排名第8。2020年1月4日，万科获得2020《财经》长青奖"可持续发展创新奖"。

由于万科是中国地产业的标杆企业，且其股权极度分散，同时宝能集团图谋进入住宅市场并占据举足轻重的地位，于是万科成了宝能集团的捕猎对象。趁着2015年下半年及2016年股价暴跌，宝能试图将它收入囊中。

（二）案子发展进程

1. 宝能持续举牌万科

2015年1月，宝能集团下属前海人寿公司开始在二级市场买入万科A股股票。

2015年7月10日，宝能举牌万科，前海人寿持有万科总股本的5%。

2015年7月24日，宝能系企业继续增资万科，前海人寿及其一致行动人钜盛华，合计持有万科总股本的10%。

2015年8月26日，宝能系持续增持万科，合计持有万科总股本的15.04%，超越华润集团成为万科第一大股东。

2015年9月4日，华润两次增持，持有总股本增至15.29%，重新夺回万科的大股东之位。

2015年11月27日，钜盛华（宝能系）继续增持，再次成为万科第一大股东。

2015年12月4日，宝能集团持有万科总股本的20.008%。

2015年12月24日，宝能系继续增持，对万科的持股比例增至24.26%。

2. 万科邀请白衣骑士，实施毒丸计划

2015年12月17日，万科召开内部会议，王石对"宝能系"提出诸多质疑，并明确表态"不欢迎"。

2015年12月18日，针对王石发文质疑，宝能集团发表声明，称集团恪守法律，相信市场力量。

2015年12月18日,万科筹划股份发行用于重大资产重组及收购资产,万科A停牌。

2016年3月12日,万科集团与深圳地铁集团举行了战略合作备忘录签字仪式。收购标的初步预计交易对价为人民币400亿~600亿元。

3. "野蛮人"与"并购双方"的对抗

2016年6月17日,万科召开董事会,表决增发股份引入深圳地铁重组预案,但该重组预案遭到大股东华润的反对。

2016年6月18日,万科发布公告,深圳地铁收购议案最终以7票赞成,3票反对,0票弃权获得通过。

2016年6月22日,深交所发函质询万科张利平回避表决的具体原因,深圳地铁收购作价是否合理。

2016年6月23日,宝能、华润齐发声明反对万科重组预案。

2016年6月26日,宝能旗下钜盛华和前海人寿联合向万科董事会提出召开临时股东大会,审议罢免全体董事的议案。

2016年6月27日,深交所分别发函钜盛华与华润,质询钜盛华与华润彼此之间是否为一致行动人,以及提出罢免董监事但不提名的原因。

2016年7月4日,万科复牌,开盘即跌停。

万科拒绝钜盛华及前海人寿提请召开临时股东大会的议案。刘元生等股东向多个监管机构举报华润和宝能涉嫌私下利益输送、一致行动人、内幕交易和资金来源不合格。华润方面发布消息称,经法律专家论证,万科此前召开的有关引入深圳地铁的董事会决议无效。

2016年7月6日,宝能第五次举牌万科:钜盛华及其一致行动人前海人寿,合计持有占万科总股本的25.04%。

2016年7月18日,万科发布公告表示,因大股东钜盛华、前海人寿以及华润均反对深圳地铁收购预案,交易方案的推进仍存在不确定性。

2016年7月19日,万科正式向监管机构举报宝能资管计划违规行为。

2016年7月21日,深交所指责万科在指定媒体披露前对非指定媒体披露了《关于提请查处钜盛华及其控制的相关资管计划违法违规行为的报告》,披露流程违规,决策程序不审慎。

深交所指责钜盛华在增持万科公司股份期间,未将权益变动报告书等备查文件置于上市公司住所。

4. 插曲:恒大掺脚,多方竞购

2016年8月8日,恒大第一次举牌万科,持有万科股份达5%。

2016年11月22日,恒大持续增持万科,持有万科股份达10%。

5. 深铁入主

2016年12月3日,时任证监会主席批评资本市场"用来路不明的钱从事杠杆收购"。

2016年12月16日,万科终止了发行股份收购深圳地铁计划。

2017年1月12日,因大股东华润筹划涉及所持公司股份的重大事项,万科A股停牌。

2017年1月12日,华润股份及其全资子公司中润贸易拟以协议转让的方式将其合计持有的万科A股股份(15.31%)转让给深圳地铁集团。

2017年1月13日,万科A股股票复牌。

2017年3月16日,深圳地铁集团与恒大集团签署协议,恒大下属企业拟在一年内将持有的万科股份(14.07%)表决权、提案权及参加股东大会的权利不可撤销地委托给深圳地铁集团,由深圳地铁集团自行决定前述特定股东权利的行使。

2017年6月30日,万科2017年股东大会上,郁亮接替王石成为新一任万科董事长。

二、案例分析

(一)险资大举进军资本市场的原因

彼时,中国经济正处下行周期,"资产荒""投资荒"驱使资金寻求新的出路,特别是各大保险公司正为年年下滑的投资收益率而担忧。其间,出于对经济下行的担忧,监管层表现出鼓励金融资本进入实体经济的政策态度。因此,监管层对长期资金入市的监管态度是鼓励与包容的。2014年1月3日,证监会新闻发言人张晓军指出,引导境内长期资金投资我国资本市场,不断壮大机构投资者队伍,完善资本市场投资者结构,是推进我国资本市场改革开放和稳定发展的一项长期战略任务。2014年8月,证监会新闻发言人邓舸进一步强调,证监会将加快推动养老金、保险资金、住房公积金、QFII、RQFII等各类境内外长期资金入市,进一步规范住房公积金管理,进一步拓宽住房公积金的投资渠道,实现住房公积金资产的保值增值。

2015年6月,A股市场见顶,而后直转急下。为了给股票市场的投资者"打气",监管层又将引导长期资金入市"摆上台面"。2015年7月3日,证监会新闻发言人张晓军宣布,证监会支持养老金、保险资金等入市的决心从未动摇。这一次,保险行业监管层迅速做出了响应。保监会发布《关于提高保险资金投资蓝筹股票监管比例有关事项的通知》,放宽了保险资金投资蓝筹股票监管比例。证监会及保监会的一系列作为使险资看到了新的机会——大举进入股票市场、对上市公司进行举牌。于是，险资强势进入资本市场，且其操作豪横霸气：安邦保险对 A 股市场持续举牌，相继成为招商银行、民生银行、万科等著名上市公司的前十大股东；富德生命人寿拿下浦发银行 20％股权；国华人寿举牌天宸股份、华鑫股份；君康人寿买入三特索道、东华科技、中视传媒。2015 年共有 10 家保险公司累计举牌了 36 家上市公司的股票，投资额达 3 650 亿元。万科事件的主角、被王石称作"野蛮人"的宝能也不例外，除了举牌明星电力、合肥百货、南宁百货、中炬高新、南玻、韶能股份，还包括最受市场瞩目的万科。

(二) 万科应对入侵者的策略

1. 引入白衣骑士

宝能集团凶悍增持万科，一年之内四次举牌，拿下万科 24.26％的股权，成为最大股东。眼看自家被人踢馆，王石当然坐不住。他先是拉来原大股东华润和安邦的支持，再通过媒体舆论为自己造势，然后亮出停牌的狠招，寻找白衣骑士以祭出中国版的"毒丸"——通过定向增发股票购买资产以稀释原有股东的权益比例。然而，令王石万万没想到的是，白衣骑士深圳地铁找到了，但他却败在了人际关系的处理问题上。2016 年 6 月 17 日，在至关重要的董事会上，引入深圳地铁的议案被华润全盘否决。这使一向高冷倔强的王石，竟也在当年的股东大会上鞠躬致歉，让人们意识到原来石头也有柔弱的一面。

然而，2016 年底，监管风向出现反转性变化，终于使万科高管看到了希望的曙光。2016 年 12 月，中央经济工作会议定调金融风险防控，将 2017 年的主线定为"去杠杆、防风险"。同月，证监会指责保险公司大肆利用万能险资金入市举牌，造成资本市场重大风险隐患。

2017 年 4 月，力推保险资金入市的原保监会主席项俊波被"双规"，政策的转向逐渐朝着有利万科高管期望的方向发展。最终，原来的白衣骑士深圳地铁被找回来，受让华润和恒大的所有股权，入主万科。宝能彻底失去了控制万科的希望，但它也因举牌万科获得了数百亿的投资回报。

2. 举报宝能举牌资金来源违规

华润的倒戈引起了监管层的注意。在宝能"再捅一刀"——提请召开临时股东大会、罢免全体董事的情况下，华润开始被质疑是否与宝能为一致行动人。王石已知深圳地铁无法作为自己的救命稻草，因此采用"侧面进攻"的方式，举报宝能购买万科股票的资金来源违规，却没想到被监管层倒扇一巴掌：深交所指责万科信息披露违规，在指定媒体披露前对非指定媒体进行了披露。同时，万科独立董事华生发表在《上海证券报》的长文《为什么我不支持大股东的意见》，揭露了在事件过程中，各方未将信息及时披露、进行黑箱操作从而侵蚀中小股东利益的事实。信息披露的重要性顿时成为市场焦点。

万科事件的精彩程度不亚于20世纪80时代的KKR收购RJR Nabisco事件,甚至还要好看得多。这一事件为我们描绘了在如今的中国资本市场上,展开一轮并购攻防战的全景图画。在本篇案例中,我们将探寻宝能是如何进行资本运作,撬起万科这一头"大象"的。为了看清这个问题,我们先梳理一遍宝能举牌万科资金的来源,介绍其杠杆收购的两大手段——资管计划和万能险的经济背景和监管态度。

(三)宝能资金来源与防资金链断裂策略

姚振华掌控下的宝能投资集团,拥有多家投资子公司。其中,钜盛华作为此次举牌万科的融资平台,直接持有万科股权的8.39%。宝能旗下的保险公司前海人寿通过发行保险产品筹集资金,买入万科6.67%的股权。另外,宝能集团通过资本运作设立了8个资产管理计划,持有的9.98%万科股权中,投票权通过协议安排归属于钜盛华。总的来说,宝能前后共斥资438.72亿元举牌万科,持有万科25.04%股权。

宝能的资金来源主要可分为保险和银行两大块,来自保险的资金共104.22亿元,占举牌所用全部资金的24%。这部分资金由宝能集团旗下前海人寿通过发行大量万能险产品筹集,因买入万科A而产生的投资收益也由宝能集团独享。来自银行的300多亿元资金中,可以分成两大块——一块是钜盛华与建设银行直接设立的资管计划筹集,另一块由钜盛华和平安、广发、民生和浦发银行设立的7个资管计划筹集,这些资管计划买入万科A产生的收益按各方出资比例进行分配,股票的投票权则根据协议安排全部转让给钜盛华。另外,这7个资管计划的资金链上端,还有一层资管计划,这层资管计划的资金规模约133亿元,且几乎全部来源于浙商银行。浙商银行通过发行理财产品,先后利用信托、投资公司、券商作为资金通道,将资金注入华福证券设立的资管计划。因此,表面上看,浙商宝能基金的直接出资人并非浙商银行,而是华福证券(图5-3、图5-4)。

通过以上分析,我们知道宝能集团的融资来源基本上是这样的:它先是通过保险(主要是万能险产品)筹集资金,然后通过信托、券商等通道,与浙商银行设立了并购基金作为第一层杠杆,最后与各大商业银行设立资管计划作为第二层杠杆。表面上看,这些资管计划全部按照1∶2的杠杆进行配资,钜盛华出资1/3作为劣后方,银行出资2/3作为优先方,这使得姚振华在面对当时万科举报其举牌资金来源违规时,可以振振有词地说他的资金来源风险可控、合法合规,实际杠杆倍数1.7,最高不超过1∶2,完全处于安全范围以内。然而,如果对资金的去向抽丝剥茧,就会发现宝能所用的杠杆远远不止2倍那么简单。

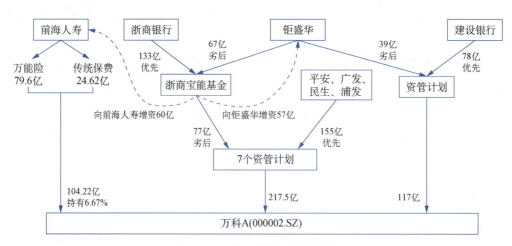

图 5-3 宝能集团的融资结构图

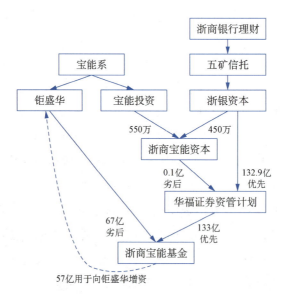

图 5-4 浙商银行通过资管计划实现理财资金入市

首先,由于宝能使用了两层杠杆,假设每层杠杆都是 2 倍,那么总杠杆至少也是 4 倍。其次,浙商银行与宝能集团共建的 200 亿元规模的并购基金中,57 亿元用于向钜盛华增资,60 亿元用于向前海人寿增资,83 亿元用于在二级市场增持股份,而其中的 77 亿元就用于设立资管计划买入万科 A。这样看来,钜盛华只花了 10 亿元(=67 亿元−57 亿元)就撬动了浙商银行 133 亿元的理财资金以及平安等商业银行 155 亿元的资金。在 7 个资管计划出资的 217.5 亿元中,宝能实际出资只有 10 亿,这部分的杠杆倍数飙升至 21 倍。总的来看,就银行出资部分,钜盛华通过自有的 49 亿元(=10 亿元+39 亿元)撬动了 285.5 亿元(=217.5 亿元+117 亿元−49 亿元)资金,杠杆比率为5.8倍。但是，这是最保守的估计，因为在计算中我们假设钜盛华与建设银行设立的资管计划中，钜盛华出资的39亿元全部为自有资金。考虑到浙商宝能基金的杠杆之激进，这39亿元也完全有可能通过银行担保或抵押贷款借来。果真如此，宝能的杠杆就是惊人的32倍！这样分析下来，传闻中宝能的杠杆为26倍也就不足为奇了。

（四）宝能高杠杆策略得以实现的内在逻辑

在理清宝能的融资来源后，我们不免会对其令人咋舌的杠杆背后的风险产生疑问。首先，为什么商业银行愿意将理财资金投向这些资管计划？它们面对的潜在风险有多大？其次，为什么浙商银行要如此大费周章，利用信托、券商等机构作为通道进行投资？它为什么不直接投向资管计划？最后，为什么前海人寿能通过发行万能险筹集到那么多的资金？谁在帮它销售万能险？这当中有风险点吗？下面我们一一探寻这些问题的答案。

1. 实体经济投资机会缺乏催生金融空转

2014年在经济面临下行风险的大形势下，央行开启新一轮货币宽松，其初衷是为了降低企业融资成本，促进实体经济增长。然而，货币政策先行，相应的结构性改革等配套政策却没有得到推进，导致资金在实体经济中面临不确定性高、回报低的尴尬局面。于是，聪明的市场和逐利的资金假借金融创新之名，通过信托、资管、保险、券商等机构进行复杂的产品嵌套、包装加杠杆、期限错配、扩大风险资产比例以达到收益要求。资金在金融领域空转，获取加杠杆带来的巨额收益。其结果就是2014年底启动的一轮波澜壮阔的牛市，无论是股票、债券、商品还是房地产，人们沉浸在杠杆带来的乐趣中，殊不知一时之快的背后是巨大的"灰犀牛"：加杠杆产生的巨额负债依赖于央行的货币宽松政策，但这一基础并不十分牢固，一旦政策风向改变，投资者就又要经历如2008年的惨痛下跌，而事实也正是如此。

2014年底银监会出台的《商业银行理财业务监督管理办法》给予了银行足够的底气，《办法》中"允许以理财产品的名义独立开立资金账户和证券等相关账户，鼓励理财产品开展直接投资"。于是，以银行为中心的大资管时代的资金流转版图出现在世人面前，银行通过向居民和企业发行理财产品筹集资金，然后投向信托计划、资管计划或基金，这些产品由信托公司、基金公司、券商、保险公司等机构运作，通过产品的嵌套加杠杆以提高收益保证、追求产品规模。资金的最后去向主要是金融市场，包括股票、债券、期货市场等。在房地产价格继续上涨的预期下，部分资金还投向以银行的房地产抵押贷款为基础资产的证券化产品。

也正是在大资管时代背景下，故事的主角宝能出场了。在对万科进行了详尽的调查后，宝能说服了以平安银行为代表的五家商业银行为其设立的资管计划注资，并将买入的万科股票以及为宝能和前海人寿的部分股权质押进行融资。这样，银行所面临的风险就来自万科股价的波动：一旦资产管理计划的净值累计跌破20%，也即万科股价较持有成本下跌超过20%时，资管计划中的"止损条款"会立即生效——要么宝能将资管计划的净值补足至约定好的安全水平，要么银行立即平仓，即卖出所有的万科股票以避免进一步的损失。

对于银行来说，"止损条款"似乎能够防患于未然，保证银行对客户的本金有足够的兑付能力。站在银行的角度，2:1的优先级与劣后级的安排使万科股价需要下跌超过33%才会危及银行的本金。然而，根据上文对于宝能所用杠杆倍数最保守的估计（5.8倍），当万科股价较持有成本下跌20%时，银行的本金已经受到损失。宝能的杠杆用得越狂，其自身的出资比例越少，银行为了保有本金而实际应当设立的平仓线就要越高。参与资管计划的银行显然没有对宝能做足尽职调查，或对其实际的融资结构睁一只眼又闭一只眼。从风险管理的角度看，如果万科股价下跌，银行将面临巨大的流动性风险，这就倒逼这些商业银行持续为宝能集团增加融资以补血。

回头再看整个事件期间万科股价的波动，最接近平仓线的一次发生在2016年7月4日万科复盘之后，险些触碰平仓线的股价走势着实让市场为姚振华捏了一把汗。如果站在大资管的时代背景下去品味万科事件，我们所能看到的不仅是宝能的疯狂，更有银行脱离其天生谨慎的不合理投资行为。然而，若置身当时市场的风口浪尖，谁又能保证自己不会受市场大环境的影响，谁又能保证自己不会为了单纯追求资产管理规模而忽视每项投资背后的风险点呢？从资产管理计划规模的快速增长趋势中，我们或多或少地会受到这一点启发：在资金逐利和市场驱动之下，无论是散户还是机构投资者，其投资行为都会体现一定程度的羊群效应。

2. 通道业务——分业监管及行业保护催生的加杠杆新渠道

2014年的《商业银行理财业务监督管理办法》虽然在一定程度上鼓励银行发行理财产品对外投资，但在第六十六条中也明令禁止银行将理财资金投资于二级市场公开交易的股票或与其相关的证券投资基金，高资产净值客户、私人银行客户及机构客户的产品除外。同时，第八十一条规定商业银行应将理财产品纳入表内核算，计算存贷比等相关监管指标，并计提相应资本拨备。如果浙商银行直接将理财产品投向资管计划，那么它将要为遵守法规而付出高昂的成本：一是钜盛华的资管计划中，90%以上的资金都是用来购买万科股票，这违反了《办法》中有关资金投向的规定；二是浙商银行需要为了服从监管要求而提取大量的风险准备金，特别是当所投标的为同一只股票时，非系统风险未被有效分散，需要计提的准备金之多可想而知。

高昂的合规成本驱使宝能想方设法地规避成本，于是就有了第二层杠杆的设计。根据我国分业监管的体系，浙商银行由银监会监管，五矿信托、浙银资本、华福证券由证监会监管。若这些机构在资金、业务上不相往来或少有交集,监管自然到位,但现实正好相反,它们如今是"一条线上的蚂蚱",分别充当资金的提供方和管理方,因此如何协同监管就成了难题。在这个难题尚未被监管方解决之前,证券公司、信托、资产管理公司等充当特殊目的载体(special purpose vehicle,SPV),通过资管计划等资产证券化的表外创新业务手段把资金来源方和管理方进行完美切割,在监管方还没来得及反应之前就把资金运送到了目的地。这样一来,浙商银行无须再将理财产品这个"烫手的山芋"计入表内,也无须计提巨额的风险准备金,大大降低了其合规成本,"漂亮"地实现了监管套利。由此我们看到,监管的重点不应在机构本身而应在资金的真正来源与去向,即应穿透底层出资者及资金运用的最终方向,然后根据底层资金来源及资金运用的最终方向的业务性质进行监管。就本案例来讲,虽然资金来源于银行,但最终进行的是股票交易,因此浙商银行在这笔业务上应受到证监会的监管。

浙商银行不直接将理财资金投向资管计划的逻辑也许还不止这些。在钜盛华的融资结构中,直接投资于资管计划的华福证券处于劣后级,而华福证券的资金来源是浙商银行理财。换句话说,浙商银行虽然在浙商宝能基金的投资方中处于优先级,但经过第二层融资结构的叠加,在最后的资管计划中投资角色变成了劣后级,这也是浙商银行与其他作为优先级的商业银行在此次案例中的最大不同。在当时所有非标结构化产品正处于刚性兑付的时期,浙商银行恐怕并不在意由优先变为劣后带来的风险增加,倒不如说宁愿成为劣后级,享受产品的更高收益率,以此吸引投资者,而这也是在当时疯狂追求资产管理规模的券商等机构所乐意的。

于是,我们看到在两层融资结构的搭建之下,各方都有存在的必要性和可能性:浙商银行是资金的最初来源,五矿信托、浙银资本、华福证券是资金的通道和管理方,钜盛华是最终的资金使用者。通道业务使浙商银行实现监管套利,减少了风险准备金的备付,并提高了理财产品的收益率;通道机构实现了资产管理规模的快速扩张,并能够从中"分一杯羹",赚取中间收益;钜盛华实现了杠杆的再次放大,减少了对自有资金的要求,加快了对万科的收购速度。

在宝能设计的第二层杠杆中,券商等机构作为银行资金"摆渡人"的资金运作方式隶属"通道业务",它是指资金方借助通道机构设立通道载体从而实现投资目标的过程。通道业务中的资金方通常由银行和保险机构担任,通道机构由信托公司、证券公司、基金公司、私募机构担任,通道载体的表现形式也是多种多样:资管计划、信托计划、私募产品等都可以作为资金的"搬运工",其中证券基金公司的资管计划是主要形式。

三、案例总结

本案例从宝能集团举牌万科的进程、融资来源和融资结构的安排以及万科集团反抗宝能敌意收购的策略、过程等多个角度再现了当年"野蛮人"宝能集团举牌万科惊心动魄的过程。案例着重分析了宝能集团巨额举牌资金的来源、融资结构安排策略及运作实施，目的是为读者展示宝能在当时政策背景下的高超资金来源运作技术，并使读者得到启示。

一场经典的资本运作案往往与金融创新紧密相连，而金融创新离不开宏观经济背景和监管环境创造的条件。在宝能举牌万科的案例中，我们并未发现定向增发、可转债等传统的收购融资工具，映入眼帘的资管通道、万能险等都是金融创新的产物，它们与传统工具一样，能充分发挥杠杆收购的威力。每个时代的资本运作有每个时代的工具，去研究比较不同时代的工具，就是在探索精彩的金融业历史。

笔者同时希望读者明白，采用任何资本运作工具都要结合时代背景和政策导向，同一工具在不同时代、不同政策导向下，可能具有完全不同的"合规"或"非合规"性质，甚至会受到不同的司法对待。

术语解析

敌意收购（hostile takeover）

以目标公司管理层是否接受收购方的收购行为为标准，收购分为敌意收购和善意收购。在善意收购中，目标公司的管理层接受收购的提议，并建议其股东同意收购。为了获得控股，收购公司的出价必须高于当前股票的价格，这一差价称为控股溢价（control premium）。

如果管理层对提出的收购价格不满意，或因其他原因而不支持收购方提出的收购要求，敌意收购就会产生。收购方会试图绕过管理层直接与股东商谈，在市场上收购其股票，通过要约收购（tender offer）完成。要约收购是指收购方通过向目标公司股东发出购买其所持该公司股份的书面意思表示，并按照其依法公告的收购要约中所规定的收购条件、收购价格、收购期限以及其他规定事项，收购目标公司股份的收购方式。

在敌意收购中，常见的一种方式是"熊抱"（bearhug）。收购方通过公告提出正式的收购提议，以限制目标公司管理层的选择范围。这么做是为了促使董事会通过谈判解决。在目标公司董事会没有获得由投资银行等机构提供表明要约是不恰当的"公正"意见之前，是不会拒绝收购的，否则将会遭到股东的法律诉讼。在"熊抱"中，机构投资者和套利者会游说董事会接受要约收购来施加压力。

本案例中，就公开信息来看，宝能并未事先与万科管理层进行谈判，而是直接在二级市场上购入万科股票。事后万科管理层也明确表示不欢迎宝能，这明显是一场敌意收购。

举牌

《中华人民共和国证券法》规定：投资者持有或者通过协议、其他安排与他人共同持有一个上市公司已发行股份达到5%时，应向国务院证券监督管理机构、证券交易所作出书面报告，通知该上市公司，并予以公告，该过程被称为"举牌"。

举牌的来源需要追溯到20世纪50年代末到60年代中期的美国商业史，在此期间出现了一种称为"周六夜市特供"（Saturday night special）的收购形式。"周六夜市特供"原指在美国和加拿大出售的廉价、低质的小手枪，常被街头混混用作周末枪战的武器。这种敌意收购的特点是用现金作为对价，以稍稍超过目标公司股票市价的价格要约收购目标公司一部分已发行的股票。要约的有效期限只有3~4天，在此期间，收购者按照先来先得的顺序收购目标公司售出的股票。一旦收购方通过第一轮次的要约收购取得了目标公司的控制权，接下来就会发动第二轮收购，只不过这时收购的对价就是各种价值低廉的证券。于是，在首轮收购中没有出售股票的目标公司股东就被挤出公司，而他们获得的只是一些廉价的证券。

"周六夜市特供"极易让股东陷入囚徒困境之中：假如大家在第一轮都不出售股票，敌意收购方自然不会取得控制权；但如果别人选择出售，而自己选择不出售，自己就必然会沦为第二轮中被宰割的鱼肉。于是在"周六夜市特供"中，股东会争先恐后地出售手中的股票。

为了限制这种极具胁迫性的要约收购方式，美国国会于1968年通过了《威廉姆斯法案》（Williams Act），对要约收购加以限制。该法案强制要求取得目标公司5%以上的股票个人或团体披露其身份及意图，这便是"举牌"规则的起源。

一般来说，信息披露的方向是由公司向外界披露，只有"举牌"例外，是由外界主动向公司披露。本案例中，宝能前前后后举牌五次，差点就触发了强制要约收购的启动器。

杠杆收购（leveraged buyout，LBO）

杠杆收购是指在收购过程中，全部或大部分买入价格由借入资金支付。借入资金包括从银行取得长期贷款和发行债券融资，前者通常以目标公司的有形资产或未来的现金流作为担保，后者通常以发行次级债务（又称"垃圾债"，junk bond）的形式进行。

一个公共公司成为杠杆收购的目标被认为是即将走向私有化（privatization）：公司的股票被某一集团收购，并不再公开交易。最终，收购方通过再上市或者卖给战略收购方来收回投资。如果收购方正好是目标企业的管理人员，杠杆收购又称为管理层收购（manager buyout，MBO）。

收购方若使用杠杆收购，必须考虑到债务的偿还能力。由于利息支出可在税前所得扣除，可减少税负，所以企业的实际价值比账面价值要高很多。杠杆收购的目标企业大都是具有较高而且稳定的现金流，或者是通过出售或关停目标公司部分不盈利业务和经过整顿后可以大大降低成本、提高利润空间的企业。杠杆收购目标公司本身的负债比率通常较低。

本案例中，宝能发起的杠杆收购既保留了其核心思想，且在收购工具上颇有新意。正如案例中所分析的，资管通道和万能险是全新的两种杠杆收购融资方式，但从根本上讲，资金仍是借入的。

通道业务

通道业务是指资金方借助通道机构设立通道载体从而实现投资目标的业务模式。通道业务中的资金方通常由银行和保险机构担任，通道机构由信托公司、证券公司、基金公司、私募机构担任，通道载体的表现形式也是多种多样，资管计划、信托计划、私募产品等都可以作为资金的通道载体，其中证券基金公司的资管计划是主要形式。

2012年10月，随着《证券公司客户资产管理业务管理办法》《证券公司集合资产管理业务实施细则》《基金管理公司特定客户资产管理业务试点办法》等规则的出台，将集合资管计划的行政审批制改为发行制度，证券基金行业的资管业务迎来爆发式增长期。2012年末全行业管理规模猛增至1.89万亿元，而2011年底的规模仅有不到3 000亿元。然而，就在通道业务行驶在快车道的同时，风险也逐渐显露出来。

通道业务运营模式潜藏着巨大的不可控风险。这里以证券基金行业的资管业务为例，简要分析通道业务的风险来源。证券基金行业的资管业务一般实行"资金池"式管理，即统一归集流入资金，在调用资金时不问其来路。一端是多个"放水口"，一端又是多个"出水口"，资金管理方很难做到资金与投向资产的明确对应，从而产生"混同运作"的特点。另外，在进行收益分配时，"资金池"的管理模式不能保证资产的收益来源于实际投资标的，于是产生"分离定价"的现象：资金管理方在资管计划开放申购或赎回时，没有或较难进行合理估值，脱离实际资产收益率进行定价，造成与净值的极大偏离。

一方面,"混同运作"容易带来风险源识别的困难,由于资金有多个来源和去向,就极易形成期限错配,最终演化为通道机构和银行的流动性风险。另一方面,"分离定价"可能形成资金空转,甚至出现庞氏骗局,从而危及实体经济的有序运行。追根溯源,"混同运作""分离定价"这两个风险点与通道机构没有对不同来源的资金、不同标的的资产进行划分,没有进行合理估值和充分及时的信息披露,没有单独编制估值表等有着密切关系。

经过几年的野蛮生长,资管计划等通道业务的风险逐渐被监管方重视。2018年4月,被称为史上最严的"资管新规"出台。这份由一行三会出台的《关于规范金融机构资产管理业务的指导意见》,首先对资管业务、资管产品和刚性兑付做出明确定义,再对资管的风险控制、杠杆控制和去通道化做出了细致的监管要求。《指导意见》第二十二条规定:"金融机构不得为其他金融机构的资产管理产品提供规避投资范围、杠杆约束等监管要求的通道服务"。这就在根本上否定了通道业务在资金融通中的作用。表5-2列举了2014—2018年监管方出台的收紧各类通道业务的政策文件。

表5-2　监管方逐渐收紧各类通道业务

发布时间	发布机构	监管方向	发布文件	主要内容
2014年2月	证券业协会	券商通道	《关于进一步规范证券公司资产管理业务有关事项的补充通知》	证券公司"不得通过集合资产管理计划开展通道业务"
2015年3月	基金业协会	券商通道	《证券期货经营机构落实资产管理业务"八条底线"禁止行为细则》	资产管理计划投资非标资产时不得存在混同运作,未单独建账、独立核算,分离定价等情形
2016年6月	保监会	保险通道	《关于加强组合类保险资产管理产品业务监管的通知》	权益类、混合类分级产品杠杆不得超过1:1,其他类型分级产品杠杆不得超过1:3
2016年7月	证监会	私募通道	《证券期货经营机构私募资产管理业务运作管理暂行规定》	新八条底线:不保本、杠杆率、结构化;股票类、混合类结构化资管产品的优先/劣后的杠杆不超过1:1,固定收益类资管产品不超过1:3;其他类结构化资管产品杠杆不超过1:2

续 表

发布时间	发布机构	监管方向	发布文件	主要内容
2016年11月	证监会	基金通道	《基金管理公司子公司管理规定》	基金子公司净资本不得低于各项风险资本之和的100%，且根据特定客户资产管理业务全部管理费收入的10%计提风险准备金
2018年4月	一行三会	所有通道类业务	《关于规范金融机构资产管理业务的指导意见》	最低投资比例（杠杆率）、合格投资者资质及认购标准、禁止资金池业务、打破刚性兑付、消除多层嵌套和通道
2018年9月	银保监会	银行理财	《商业银行理财业务监督管理办法》	银行理财产品所投资的特定目的载体不得直接或间接投资于非标准化债权资产，符合银监会关于银信理财合作业务相关监管规定的信托公司发行的信托投资计划除外

通道业务始于2012年，止于2018年。它在资产荒的背景下萌发，最后又在一纸文件中离去。

尽职调查（due diligence investigation）

一般来讲，尽职调查是指投资者对目标企业一切与投资有关的事项进行现场调查、资料分析的一系列活动。在一场收购案中，买方和卖方都应当对另一方进行尽职调查。

买方尽职调查是指确认构成估值假设有效性的过程。主要的目的是识别和确认"价值的来源"，通过寻找降低价值的致命缺陷来减少实际或潜在的责任。买方尽职调查涉及三方面。

（1）战略、运营和营销审查：主要审查卖方管理团队的运营和营销战略。

（2）财务审查：集中审查卖方财务报表的准确性、及时性、全面性等。

（3）法律审查：处理公司法律记录、财务纠纷、管理人员和员工的纠纷、卖方的诉讼和赔偿义务等。

卖方尽职调查的主要目的是判断买方是否有必需的财务资金为收购行为融资。同时，卖方还会对自身各部门进行内部调查，以希望减少卖方在协议中因作出不准确的声明和保证而产生的责任。

本案例中值得关注的是：在各大商业银行为宝能提供融资时，是否对宝能进行过详尽的尽职调查。从我们的分析结果来看，各银行似乎对宝能极具风险的融资结构视而不见，这说明它们的风险内控制度可能存在一定程度的漏洞。

四、思考与分析

(1) 搜集资料分析平安银行、广发银行等其他商业银行为什么不像浙商银行那样走通道业务?什么因素决定了是否让资金走通道业务?你觉得本案例中最重要的因素是什么?

(2) 在宝能的融资结构中,银行、保险、券商等机构分别面临怎样的风险?你认为它们应当如何管理这些风险?

(3) 宝能为什么收购失败?如果你是宝能的董事长,你会怎么安排使这场敌意收购得以成功?

第七节 中信证券办公大楼资产证券化

导言

本案实际上就是指由中信证券借用其办公大楼于 2014 年 5 月 21 日自导自演融资 50 亿巨款的"中信启航专项资产管理计划"的发行。中信证券以其拥有的北京中信证券大厦及深圳中信证券大厦作为依托来发行资产证券化产品,实际上也是因应中国证监会大力推动资产证券化业务发展的政策意图而创新性推出的资产证券化产品,也是国内首只以不动产为基础资产的资产证券化产品。"中信启航专项资产管理计划"的发行对资产证券化业务在中国的全面铺开具有重要意义,更为重要的是,它使中信证券把完全没有流动性的办公大楼变成了可随时动用的规模巨大的现金,迅速大幅提升了其经营实力。

一、案例简介

(一) 案例相关参与方

表 5-3 中信启航产品简介与参与方

产品名称	中信启航专项资产管理计划
规模	52.1 亿

续　表

分级	计划按 70.1%：29.9%的比例划分为优先级和次级 A. 优先级份额存续期间获得基础收益，退出时获得资本增值的 10%的浮动收益 B. 次级份额存续期间获得满足优先级基础收益后的剩余收益，退出时获得资本增值的 90%的浮动收益	
	优先级	次级
优先级比例/规模	36.5 亿元（70.1%）	15.6 亿元（29.9%）
产品期限	预期 3 年，不超过 5 年（产品有权提前结束）	预期 4 年，不超过 5 年（产品有权提前结束）
资者预期收益率	约 7%～9%	约 12%～42%
基础收益分配时点	每年最后一个工作日分配，分配金额为完整年度的基础收益（首年分配金额为产品设立日到 12 月 31 日的应计利息）	
评级	优先级 AAA	无评级
产品发售对象	合格机构投资人	

表 5-4　资产证券化的相关参与方

资产原持有人	中信证券
资产计划管理人/推广机构	中信证券
基金管理人	中信基石基金
托管及监管银行	中信银行
信用评级机构	中诚信证券评估有限公司
会计师事务所	普华永道
评估机构	戴德梁行
登记托管机构/支付代理机构	中证登深圳公司

（二）基础资产介绍

中信启航计划的基础资产为中信证券位于北京和深圳的两幢自有物业——北京中信证券大厦和深圳中信证券大厦，中信证券已承诺未来将按市场价格租用这些物业。

1. 基础资产收益情况

根据深圳市戴德梁行土地房地产评估有限公司出具的市场价值评估报告，目标资产北京中信证券大厦评估值为 35.11 亿元，深圳中信证券大厦评估值为 15.27 亿元，目标资产合计估值 50.38 亿元，如图 5-5 所示。

物业	北京中信证券大厦	深圳中信证券大厦
资产估值	35.11亿	15.27亿
租金预计增长率（未来5年）	4%~6%/年	3%~5%/年
售价预计增长率（未来5年）	8%~11%/年	5%~8%/年
主力租约租金增长率（按实际租约）	每2年增长6%	每2年增长6%

图 5-5 中信启航物业资产价值预估

2. 基础资产租金情况

根据相关会计数据，目标资产每年的租金总额预计从 2015 年的 4.0 亿增长到 2018 年的 4.5 亿，如图 5-6 所示。

单位：千元	T1	T2	T3	T4	T5
时间	2014.03.01—2014.12.31	2015.12.31	2016.12.31	2017.12.31	2018.12.31
中信证券承担部分	310 806	372 968	393 692	395 346	417 314
其他租户部分	21 976	21 072	27 569	27 691	27 744
租金总额	332 782	400 040	421 261	423 037	445 058

图 5-6 中信启航物业资产租金收益情况

这两处物业地处一线城市，价格稳健。均处在各城市的核心商圈，属于稀缺物业。且租户履约能力强、租期长、租金具有较强市场竞争力。

（1）北京中信证券大厦地处燕莎商圈核心地带，交通便利，外企聚集，紧临使馆区，配套完善。2012 年燕莎商圈写字楼平均空置率在 2.5%。

（2）深圳中信证券大厦厦地处福田 CBD 核心地段，金融企业聚集，商业氛围浓厚，配套完善。2013 年三季度末，福田区甲级写字楼空置率 5.6%。

（三）中信启航交易结构

中信启航以中信证券拥有的北京中信证券大厦及深圳中信证券大厦及其收益权作为发行资产证券化产品的基础资产，也就是作为还款保障的信誉抵押物，然后交由中信证券的全资子公司中信金石基金管理有限公司进行产品管理。

关于中信启航流动性的安排是：优先级和次级份额均在深交所综合协议交易平台转让流通。为确保交易前后投资者限制在 200 人以内，优先级受益凭证转让交易时，每手为 50 000 份，每次转让不得低于十手且须为一手的整数倍；次级受益凭证转让交易时，每手为 300 000 份，每次转让不得低于一手且须为一手的整数倍。

中信启航计划在到期时将会以 REIT 方式退出。资产管理计划将所持物业 100% 的权益出售给由中信金石基金管理有限公司发起的交易所上市 REIT。根据当前沟通，对价的 75% 将以现金方式取得，剩余 25% 将以 REIT 份额的方式由本资产管理计划持有并锁定一年。在此安排下，优先级投资者将在 IPO 时点以全现金方式全部退出，相应次级投资者获得部分现金分配及 REIT 份额。除 REIT 方式退出外，资产管理计划还可以市场价格出售给第三方实现退出。投资物业所在北京、深圳商圈的租金及售价在未来五年预计有较好的升值空间，出售给第三方是 REIT 退出方式的重要补充。

二、案例分析

交易方案分析：作为中国第一单权益型 REIT 产品，中心启航的发行及挂牌交易在中国市场上具有里程碑式的意义。该计划募集的证券投资基金是新《证券投资基金法》实施以来第一单非公开募集证券投资基金。其交易步骤如下。

（1）中信证券公司于 2013 年 5 月在天津分别设立两个全资子公司：天津京证和天津深证。并通过实物增资的方式，将位于北京、深圳的两座中信证券大厦分别装入这两个全资子公司。

（2）由中信证券公司发起设立"中信启航专项资产管理计划"，向优先级、次级投资者募集资金。

（3）由中信证券公司的二级全资子公司中信金石基金管理公司发起设立非公募股权投资基金，并作为管理人管理该非公募基金。

（4）"中信启航专项资产管理计划"以其募集的资金认购该"非公募股权投资基金"的基金份额。

（5）由非公募基金设立全资子公司，再由该全资子公司收购天津京证、天津深证的 100% 股权。

通过上述一系列步骤，使得非公募基金借由持股子公司股权，从而间接持有两座中信证券大厦；而专项资产管理计划的投资者，则通过享受非公募基金的分红而间接享有两座中信证券大厦带来的租金收益。

资产管理计划的终极效果：中信证券通过中信启航专项资产管理计划的发行及配套私募基金的设立，不仅实现了将完全没有流动性的两栋办公大楼转变成 50 亿元的巨额现金，而且从投资者手中获取了巨额的管理费及投资收益。

三、案例总结

2013年初，中央政府及监管当局为解决地方公共设施资金不足及地方政府债务风险问题，开始大力倡导和推动不动产及收益权的的资产证券化政策。中信证券一方面为因应政策，另一方面趁势利用资产证券化试水结合私募基金创新性地推出自身拥有的办公大楼的资产证券化，从而将完全没有流动性的两座办公大楼变成了50亿元的巨额现金，不仅实现了自身前所未有的巨大利益，还为不动产资产证券化实践提供了一个模板，从而深得监管机构的称许，也在业内产生了巨大的影响。

从中信证券的办公大楼资产证券化的操作实践，我们能够发现，只要选择合适的基础资产，并进行巧妙的交易结构设计，我们就能将缺乏流动性的资产或者未来收益权转化为可即时自由支配使用的现金。因此资产证券化是值得企业、政府甚至个人高度重视的一个高超的资本运作手段与工具。

 术语解析

资产证券化

资产证券化是指通过发行资产支持证券来融资的一种方式，它把缺乏流动性但能够产生可预见的稳定的现金流的资产或收益权，通过一定的结构安排，对资产中风险与收益要素进行分离与重组，进而转换成为在金融市场可以出售和流通的金融产品。

在该过程中资产被出售给一个特设目的载体（SPV）或中介机构，然后，该机构通过向投资者发行资产支持证券以获取资金。资产证券化的目的是通过其特有的提高信用等级的方式，使原本信用等级较低的项目通过剥离、转让等结构化的安排，实现高信用等级的转换，从而大幅度降低发行证券、募集资金的成本。资产证券化作为一种融资方式，起源于20世纪70年代初。许多国家已开始推行它，并形成了比较完善的运行机制，中国资产证券化实践时间不长，但其中也不乏成功案例。同其他融资方式相比，资产证券化可以不受项目原始权益人自身条件的限制，绕开一些客观存在的壁垒，筹集大量资金，具有很强的灵活性，因为它只要求资产的未来现金流入具有稳定性和可预测性，所以具有很强的可操作性。这一特点特别适合公共设施融资，我国大多数公共设施建设项目，如高速公路、港口、码头、机场、电厂等项目的经济效益比较好，具有稳定的可预测的现金流，是优良的证券化资产，只是资金周转的时间比较长，需要占用长期投资资金。运用资产证券化可以将未来的现金流提前实现。

资产证券化主要需要注意以下 3 个问题。

1. 现金流问题

资产证券化方式融资的一个重要的前提条件,就是必须有可靠的未来现金流收入。对于公共设施中的收费项目,未来现金流收入首先来源于直接收费项目。然而许多公共设施建设项目本身目前的经济效益是很小的,有的甚至无法产生现金流,至少是在现有的收费制度下不能产生现金流,如城市公共绿地、市内交通、防灾设施等纯公共物品性质的公共设施。这些项目的效益更多地体现在社会效益以及长期的对相关产业的贡献,而非项目本身的盈利能力,所以资产证券化融资方式面临着制约。

2. 风险管理问题

资产证券化不可避免会面临建造风险、经营风险、货币风险以及政治风险。对于建造风险,SPV 可运用合同,要求发起人进行超值抵押、开具现金保障账户、直接进行金融担保或开具信用证等方式避免费用超支,或要求承包商对工程质量及完工时间进行必要的担保。对于经营风险,项目主办人可以同项目产品的购买者或设施使用者签订一个最低限度的支付合同。例如,污水处理项目可以同政府签订购买合同,同环卫部门签订污水供给合同以保障项目的正常运营。对于货币风险,可以利用当前我国外汇储备充足的有利时机,保证资产证券化项目的外汇兑换,增强外商对我国进行资产证券化方式投资的信心。

3. 资产证券化相关法律问题

从战略角度看,我国发展公共设施资产证券化融资方式十分必要。从中长期看,我国市场经济建立,法律制度完善,将为我国资产证券化提供广阔的发展空间。然而,就现实条件而论仍然存在很多制约,如我国的商业信用环境尚不理想,而资产证券化的核心就是信用。我国在此方面的法律建设相对滞后,没有明确的法律层面的政策支持,在现有框架下制约着实施资产证券化的大范围、大规模推广。我国境内资金供给总量已经具备一定规模,但形成对资产支持证券的有效需求还需要时间。因此,我国需要尽快加强金融市场建设,深化股权、债券等资本市场建设,积极培养投资基金、养老基金等机构投资者,努力为资产证券化创造良好的法律环境,并在证券化的实践中通过法律建设促进资产证券化的发展。

四、思考与分析

1. 试述中信启航专项资产管理计划的交易结构安排。
2. 试述资产证券化的可能风险。

第八节 股灾期的上市公司股票集体回购案

导言

> 股票回购是一种非常重要，也非常常见的资本运作手段，发起股票回购的动机很多，既有积极的动机，比如上市公司不满股价被低估、传递公司优质信号等；也有消极的动机，比如传递虚假优质信息以便高价套路减持、美化 EPS 等。下面我们通过案例进行更具体的分析。

一、案例简介

A 股历史上发生过五次股票回购潮，其中四次发生在股市低迷期，分别是 2014 年的市场低迷期、2015 年的空前股灾期、2016 年的股灾持续期以及 2018 年的震荡下行期。

股票回购更多是释放积极信号，它被认为是上市公司对本公司股票被严重低估的一种信号显示行为。股票回购对个股股价涨跌幅的影响在不同情况下表现各不相同，一般来说，只要不是极端市场情形，回购都会引起股价上涨，而且回购比例越大的个股涨幅越高，但当股市整体出现极端低迷情形，回购也不一定能导致股价回升。比如，上述四次股票回购潮短期都没能改变大盘低迷态势，达到最高峰之后 A 股仍继续下跌 2 个月、1 个月、2 个月、5 个月。这说明个股的积极信号显示和传递行为极难改变市场长期整体的低迷走势。也就是说，当市场出现长期的极端走势时，不花费代价做抵抗是比较明智的选择。

二、案例分析

虽然股票回购在非极端情形下常常能引起股价的上涨，但是也不能把上市公司回购理解为绝对利好。影响回购的因素较为复杂，不仅包括不满股价被低估，还包括为了完成业绩兑现、限制性激励股份的回购，甚至存在套路减持，提升股价美化 EPS 的忽悠式回购。与股票质押伴随的平仓风险，也成为影响股票回购的一个重要因素。为了防止资金补仓不到位，上市公司有可能会通过股票回购来短时间提升股价避免补仓。

"干打雷，不下雨"的忽悠式回购也不少。数据显示，2018 年发布回购公告的公司中，有 200 多家尚未有实质回购进展。

尽管股票回购造成的影响各不相同,但是不可否认,股票回购是一种非常重要的资本运作手段,应用得当能给公司资本增值带来非常积极的影响,但也存在着一些需要观察者小心的忽悠式回购。

三、案例总结

股票回购在资本市场是一种重要而常见的资本运作手段,其动机既有积极的,也有消极的,相应地对投资者来说,既可能受益,也可能受害。所以投资者在观察上市公司的股票回购行为时,既要看到其回购的宣示公告,也要看其是否存在着真实的减持,还要结合公司内在的投资价值等进行综合分析,以免受其害。

上市公司根据股票的市场表现进行积极合理的股票回购有利于维护上市公司的应有价值,也有利于保护投资者权益,因而是值得鼓励的,但是如果以损害投资者利益为代价实施虚假的或者有阴谋的股票回购,则对投资者危害甚大,因而是应该鞭挞的,也是违法的。

 术语解析

信号显示

信号显示是信息经济学的一个术语,指具有信息优势的一方(拥有私人信息的一方)采取某种行动向信息劣势方(拥有公共信息的一方)发送相关信号,用以改变市场运行状况,回避逆向选择或诱导选择。

四、思考与分析

(1) 结合本案例及相关材料,试述股票回购的积极动机及相关操作手法。

(2) 当你进行股票投资时,应如何考察上市公司股票回购的可能影响?

第九节 和君商学收购汇冠股份案

导言

和君商学收购汇冠股份案是2015年最轰动中国资本市场的事件之一,它最让人称道的就是那酣畅淋漓的"蛇吞象"式的操作,一个营收不过3 000万元、利润几

> 百万元的小企业居然鲸吞了营收 8 亿元、利润 1 100 多万元的上市公司。其链式战略思维及并购的操作手法与融资策略堪称典范，值得研究与学习。

一、案例简介

（一）案例相关方概况

1. 和君商学

和君商学全称为北京和君商学在线科技股份有限公司，2007 年成立。2015 年 2 月，和君商学在新三板挂牌交易，股票代码 831930。和君商学以线下面授培训、线上网络培训相结合的方式，为企业和个人提供商学培训和终身学习服务，服务内容包括企业家和企业高管培训、企业人才培训、商业人才的个性化终身学习、职业培训等，同时逐步开发和建设基于移动互联网和大数据技术的系统平台和人才社区。

公司第一类服务客户是机构，包括企业、商会、行业协会、政府部门（如中小企业局）等，以 B2B2C 的方式进行服务，公司（B）提供管理培训的课程设计和讲授，机构客户（B）购买，支付价款，机构客户组织其成员（C）学习。公司第二类服务客户是个人，以 B2C 的方式进行服务，公司（B）提供学习体系的设计和课程讲授，企业高管、经理、职员或将来去企业就业的高校毕业生（C）个人购买，支付价款，线下面授听课或线上网络学习。公司业务的收入主要由客户交付的学费及企业内部培训服务、企业、大学业务及其他服务的客户付费构成。

2. 汇冠股份

汇冠股份全称为北京汇冠新技术股份有限公司，成立于 2003 年 9 月，并于 2011 年 12 月在创业板成功上市。汇冠股份是一家拥有世界领先的红外及光学触摸技术，专注于触摸屏在现代信息领域的应用，为各行业客户提供整体解决方案的公司。公司主要产品为红外式触摸屏、光学影像式触摸屏，以及下游延伸产品交互式电子白板。公司是全球领先的红外式触摸屏供应商之一，是全球少数掌握光学影像式触摸技术的公司之一，是国内少数掌握完整的触摸屏自主知识产权的公司之一，以及国内中大尺寸触摸屏出口规模最大的公司之一。

（二）收购进程

1. 激烈的行业竞争驱动和君商学对外进行并购以获取差异化竞争力

2007 年成立的和君商学的主要业务是商业领域的管理培训。在我国，由于商业领域的管理培训处于行业发展成长期，行业不存在重大技术或科技依赖，进入门槛较低，机构众多，规模普遍较小，同质化竞争明显，而且市场集中度低、缺乏绝对领导品牌，行业竞争十分激烈。

从行业内主要公司的竞争能力来看，盛景网联、聚成股份、行动教育、和君商学属于行业中实力较强、规模较大的第一集团，并且各自在行业细分市场中的市场占有率不断上升，可能的行业龙头溢价和品牌溢价加剧了行业竞争和扩张。和君商学背靠和君集团，除了其自身在行业的专业优势之外，和君咨询、和君资本能够充分提供项目服务和资金支持，和君商学迅速在竞争激烈的行业市场环境中脱颖而出。

和君商学寄希望于通过并购相关上市公司切入智能教育产业，进一步扩大自己的教育产业蓝图，最终联手打造类似于美国的"斯坦福＋硅谷"模式，同时利用和君集团在品牌背书、人才导流以及精益管理方面对汇冠股份进行支持。一方面，和君商学希望通过并购延伸自己的教育产业，让上市公司依托和君商学的人才资源以及人才库，成立人才发展中心，设立人才大学和人才发展与配置部，聚焦于人才经营；另一方面，和君商学也希望通过资本运作孵化智慧教育、人工智能、VR/AR等项目，进一步绘制自己的教育蓝图。

2. 汇冠股份陷入经营困境

汇冠股份2011年12月在创业板上市，上市后，公司业绩大变脸，其后的境况更是江河日下。上市之前三年，汇冠股份实现归属母公司股东的净利润分别为1 332.21万元、2 249.06万元、2 823.90万元，每年都保持20%以上的净利润增长。然而上市之后，业绩即刻发生变化，净利高速增长不再持续，业绩增速放缓，甚至在上市的第3年净亏损885.01万元，扣除非经营性损益后更是净亏1 643.28万元。

上市公司在主营业务亏损的情况下，通常会寻求资本运作来实现公司转型，包括定向增发为公司业务再融资、兼并收购其他公司实现新业务的拓展等。面临业绩下滑窘境的汇冠股份也做出了和其他上市公司一样的选择，开始策划并购重组，图谋主营业务转型。2014年8月，汇冠股份以发行股份及支付现金的方式收购了深圳市旺鑫精密工业有限公司92%的股权，希望通过收购盈利资产改善上市公司的财务状况。不过，虽然旺鑫精密盈利稳定增长，但由于其所处行业竞争激烈，2014年、2015年均未实现并购时的业绩承诺。另外，其收购对象旺鑫精密的实际控制人与汇冠股份为同一人，此次并购被外界质疑有利益输送的嫌疑。公司依靠并购重组实现盈利改善的尝试以失败告终，此时的汇冠股份的实际控制人有意转让实际控制权。

3. 和君商学入主汇冠股份

汇冠股份实际控制人控股权的意向与和君商学对外并购上市公司切入智能教育产业的期望一拍即合。经过王明富[①]等和君商学高管的说服，2015年6月17日，汇冠股份

---

① 王明富即王明夫，"王明富"是其法律上的真实姓名，"王明夫"则是其自起的江湖名称。"王明夫"这个姓名远比"王明富"更为人所知，"王明富"则一般在正式且具有法律后果的场合才被使用。

第一大股东西藏丹贝投资有限公司与北京和君商学在线科技股份有限公司（简称"和君商学"）签署了《转让协议》，西藏丹贝投资有限公司通过协议转让的方式将其持有的公司2 786.94万股股份转让给和君商学。

本次权益变动后，和君商学持有汇冠股份总股本的23.08%，成为汇冠股份第一大股东。2015年8月11日，和君商学完成对汇冠股份控股权的收购。这距离2015年5月21日汇冠股份宣布停牌谋划进行重大资产重组还不到3个月的时间。也就是说3个月不到的时间内，一家新三板公司就完成了对创业板上市公司的收购，这成就了新三板公司收购创业板公司的传奇。

4. 并购退出

2017年10月，福建卓丰投资合伙企业（简称"卓丰投资"）与和君商学签署《股权转让协议》，经双方协商一致，和君商学拟将其持有的15%汇冠股份股权转让给卓丰投资，转让价格为10亿元；并约定在收到全部股权转让款后，直至和君商学转让、减持导致其不再拥有该等股票时，将剩余所持6.22%汇冠股份总股本的投票权，不可撤销地全部委托给卓丰投资行使。该股票于2018年12月3日全部转让给卓丰投资，转让总价171 354 202.56元。

和君商学出售汇冠股份全部股份总转让价约11.7亿元，与其2015年收购时约14亿元的对价相差3.3亿元，然后加上和君商学30万以内的三年多的分红，减去14亿元巨款的时间价值成本至少60万元左右，再加上各项交易费用，和君商学直接损失逾3.3亿元。

二、案例分析

（一）和君商学收购汇冠股份成功的原因

1. 王明富的个人魅力及说服能力

2007年才成立，2014年营收3 056万元、盈利638万元的新三板新近挂牌公司和君商学成功收购2014年营收8.24亿元、盈利1 116万元的创业板上市公司汇冠股份成为当年最有轰动效应、最具传奇色彩的资本大戏。

成就这个传奇的最重要因素就是原和君商学董事长王明富的个人魅力及强大说服能力。

王明富实际上算得上是中国投行业的先驱，他曾任君安证券研究所所长及君安证券收购兼并部总经理，后创立和君咨询，兼营咨询及资本业务，并开设王明夫私塾。王明富口才了得，他在促成汇冠股份老板接受"小虾米"和君商学的收购邀约过程中起了至关重要的作用，他的说服使汇冠股份老板及其管理层对和君商学入主汇冠股份将极大提升汇冠股份的发展前景深信不疑,因为他们相信了和君集团精通企业管理之道并且有着无与伦比的商业教育资源注入。同样,王明富的个人魅力及说服能力,也使得和君商学实现了其他企业无法企及的融资规模及融资便捷。

2. 无与伦比的融资能力:三次定向增发,投资者背书

新三板众多挂牌公司的再融资大多采用定向增发的方式进行,刚刚挂牌新三板的和君商学也不例外,挂牌之后先后完成了三次定向增发,每次增发都募集了相当可观的资金,并且募资的效率和成果都让人刮目相看。

2015年4月,新三板和君商学成功进行了首次定向增发,当时的增发价格为每股100元,拟计划募资2.65亿元,此次增发认购的对象大腕云集,其中包括华夏幸福、新东方等28家知名企业。能邀请到众多知名企业捧场也得益于王明富的个人品牌效应。

2015年10月,在首次增发不到半年时间之后,和君商学迅速完成股本转增,又以每股30元的价格进行年内的第二次增发,此次定向增发拟募集6亿元,同样邀请知名企业进行认购,A股上市公司欣旺达等18家企业参与了和君商学的第二次定向增发。

完成2015年的第二次定向增发后,和君商学再接再厉,又在同年的12月份,以每股30元的价格向24位知名人士募资8.64亿元。

名人背书是和君商学一年内三次密集融资的成功秘诀。和君商学的定向增发对象均为资本市场"名人"和知名机构,这些投资者不仅仅拥有雄厚的财力,而且大多是资本市场"名人"——资本大腕或者上市公司的大股东。首次定向增发有实力强劲的投资者背书,给予投资者示范效应,给年内完成二次定向增发创造了极好的条件;同样,第二次定向增发也为后续的第三次等融资铺好了道路。在"名人"背书投资的光环下,后两轮的定向增发募资远超以往。更加重要的是,后两轮定向增发发生在和君商学对汇冠股份的收购期间,和君商学在一级市场上募资的"名人效应"也对其控股的上市公司汇冠股份的股价带来积极影响。

除去常用的定向增发融资方式,和君商学继而又采用股权质押融资的方式,在新三板筹集资金10亿多元,用于完成对汇冠股份的收购,控股上市公司汇冠股份。

值得指出的是,作为一家新三板公司,和君商学竟然可以将总占比55.34%、共7 000 000股、市值12.65亿元的股票进行质押融资,而且质押融资金额接近公司总市值。银行授信额度如此之慷慨,对于一家新三板企业来说史无前例。即便主板上市公司也难以得到如此慷慨的对待,更不用说是一家新三板挂牌企业。

3. 巨大的监管套利

首先,本案例中和君商学收购汇冠股份已在实际上构成重大资产重组,但是和君商学仅仅是一家新三板挂牌公司,进行重大资产重组时仅适用《非上市公众公司重大资产管理办法》,因此无须经过证监会繁杂的程序审批,更不需要进行业务、财务和资产的

专项核查。证监会在上市公司与挂牌公司（非上市公众公司）进行重大资产重组时差别对待，挂牌公司在以现金支付和资产置换的方式进行重大资产重组时，证监会没有审核要求，全国股权转让转系统也没有备案的需要。

其次，作为这起并购交易的股权出售方，汇冠股份并未达到上市公司重大资产重组要求，仅构成重大事项，而上市公司重大事项仅由证券交易所完成审查，审查程序上不用通过证监会并购重组审核委员会，也大大缩短了并购交易完成的时间。

最后，汇冠股份的股权相对分散，控股股东以不到30%的股份获取汇冠股份的控股地位，因为前三大股东分别持股23.08%、15.04%和11.27%，其他股东持股更为分散。所以和君商学完成此次收购的任务其实变得非常简单容易，直接与公司第一大股东西藏丹贝进行沟通谈判，完成对第一大股东23.08%的股权收购即可，这也是此次并购进程得以快速成功推进的原因之一。

（二）并购损益

和君商学并购汇冠股份，看似巨亏3亿多元，但是这个收购上市公司的操作给和君商学带来巨大的品牌加持，从而获得近15亿元的外部股权投资，这是比并购损失大得多的资本收益。

三、案例总结

王明富凭借他过往经历累积而成的所谓成就，建立起其强大的"个人品牌资本"，这种强大的"个人品牌资本"，无论在说服本案例中被并购方顺利接受并购邀约，还是在和君商学非同一般的融资过程中都发挥了巨大的、决定性的作用。由此可见，构建个人品牌影响力对于在资本市场上的运筹帷幄，有十分重要的价值。

另外，从该案最终后果看，名义上有3亿多元的直接损失，但是却通过2015年10月后的两次定增给和君商学带来14.64亿元的实收资本，去除直接损失，也有12亿元左右的资本收益。可以说，其操作对于一个年收入仅几千万元、利润才几百万元的新三板公司来说是极其成功的。这几乎是一个"白手套"式的成功。可见，一个资本运作的成功与否不仅要看直接损益，而且要看间接损益。

四、思考与分析

（1）试述和君商学收购汇冠股份的融资策略。

（2）你怎么看待和君商学收购汇冠股份成败得失？请详细论述。

第六章

资本运作实战复盘之政府篇

第一节　地方融资平台的创设
——地方政府的"天才"创新

导言

　　地方政府融资平台是指由地方政府通过财政拨款、公共产品经营权、注入土地、股权、规费、国债等国有资产发起设立，拥有独立法人资格，同时以为政府投资项目融资为主要目的的经济实体。通常见到的冠以"城市建设投资公司""城建开发公司""城建资产经营公司"等抬头的经济实体都属于地方政府融资平台。地方融资平台并不是一个法律概念，它的真实身份就是企业。其特殊性在于：大股东是地方政府，成立的目的是为政府建设或其他项目进行融资。

　　地方政府融资平台成立后的功能呈多元化，是地方政府在经济建设面临巨大资金压力，却受限于预算法及担保法的背景下，解决资金需求、获取建设资本的一种"天才"创新。

　　应该说，地方政府融资平台是我国各地方政府普遍使用的建设资金资本运作工具，因此它应该属于一个集合案例，下面我们将对这个集合案例作有别于一般个体案例的介绍。

一、案例简介

　　改革开放前，我国实行的是计划经济，地方政府的经济活动都由中央政府预算的经济计划限定，统收统支。在这一时期，地方政府的融资方式主要是财政拨款。1978—1993年，中央开始财政体制改革，地方政府的各种融资手段开始萌芽，包括贷款、地方政府债务。但在财政包干体制下，地方政府收支较为平衡，并未产生融资的实质需求。

1984年9月，国务院发布《关于改革建筑业和基本建设管理体制若干问题的暂行规定》；1988年7月，国务院发布《关于印发投资管理体制近期改革方案的通知》。此后，我国不再用行政办法安排投资建设，政府部门不再直接管理经营项目投资，而以投资公司为主体，即用经济合同关系替代行政关系。政府及其职能部门是行政管理者，不能作为经济法人，也不能用行政手段管理投资，更不能经营投资并对投资效果负责。

《关于印发投资管理体制近期改革方案的通知》主要是针对中央政府，解决中央政府投资主体及资金来源问题。该文件没有提及地方政府成立专业投资公司，但文件发布后各地政府纷纷效仿，成立了隶属于地方政府的投资公司，这些投资公司可以认为是投融资平台的早期萌芽。

地方融资平台的发展大体上经历了五个阶段。

（一）萌芽阶段（1980年底—1993年）

20世纪80年代初，广东省为解决地方政府资金不足下的道路建设问题，率先探索为省内各地政府集资贷款，然后再利用所筹集资金修建道路，利用道路建成后通车收费收入偿还贷款。这种政府筹集资金进行基础设施建设的模式，是地方政府投融资平台发展的萌芽。1986年8月5日，国务院以"国函〔1986〕94号"文，批准上海采取自借自还的方式，扩大利用外资，以加强城市基础设施建设，加快工业技术改造，增强出口创汇能力，发展第三产业和旅游业，此项政策就叫"九四专项"。为确保"九四专项"的运作成功，当时上海市政府做了一个意义非凡的决定：成立专门的经济实体，进行统一的资金筹措、调剂和管理。1987年12月30日，上海久事公司应运而生，取名"九四"谐音，这是全国第一家政府性投融资公司。

（二）探索阶段（1994—1997年）

1994年，我国进行财税体制改革，分税制实施以后，地方政府的融资缺口成为融资平台发展的一个内在动因。在此期间，很多地方政府对成立投融资平台进行了探索，为后来大规模发展投融资平台打下了基础，其职能也逐步明确。1996年8月23日，国务院发布了《关于固定资产投资项目试行资本金制度的通知》。该通知规定，投资项目向银行借款的前提是提供必要的配套资金，这一规定在一定程度上促进了地方融资平台的发展。此后，许多地方政府纷纷创建了国有独资的城投公司，实现了基础设施的投融资市场化。

（三）推广发展阶段（1997—2008年）

这一阶段的起始点是1997年亚洲金融危机的爆发，中央政府大力实施积极的财政政策，各地方政府大力开展基础设施建设以带动经济发展，但同时给地方政府带来了融资缺口。各类城建和城投公司应运而生，蓬勃发展。2004年7月14日，国务院发布《关于投资体制改革的决定》，在"合理界定政府投资职能""拓宽项目融资渠道""健全投资宏观调控体系"等方面做出了开放性规定，为地方投资公司在更大范围内建立更广泛的融资渠道打开了便利之门。

（四）高速发展阶段（2008—2010年）

2008年，国际金融危机爆发，为了应对金融危机的冲击，中央政府出台4万亿元经济刺激计划，此项刺激计划给地方政府带来了巨大的资金缺口，需要地方政府提供2.4万亿元配套资金。于是，2009年3月，中国人民银行与银监会出台了《关于进一步加强信贷结构调整促进国民经济平稳较快发展的指导意见》，支持有条件的地方政府组建投融资平台，发行企业债、中期票据等融资工具，拓宽中央政府投资项目的配套资金融资渠道。在这一背景下，地方政府融资平台高速发展。

（五）规范发展阶段（2010年至今）

地方政府投融资平台的快速扩张及其高负债率、低收益水平、政府信用担保等特征，使得其风险问题开始暴露。2007年全国地方融资平台的贷款余额为1万亿元，而2011年地方融资平台的贷款余额为9.2万亿元，增长了8倍。2010年，国务院发布了《关于加强地方政府融资平台公司管理有关问题的通知》，要求抓紧清理核实并妥善处理融资平台公司债务，对融资平台公司进行清理规范，加强对融资平台公司的融资管理和银行业金融机构等的信贷管理。之后，有关部门连续下发了一系列政策法规，对地方融资平台进行规范整顿，地方政府投融资平台在中央严格监管下进入规范发展阶段。

二、案例分析

（一）地方政府融资平台形成的原因

1. 分税制改革

谈到地方融资平台的诞生，必然要涉及分税制改革。1992年，党的十四大明确我国经济体制改革的目标是建立社会主义市场经济体制。1993年11月，党的十四届三中全会审议通过《中共中央关于建立社会主义市场经济体制若干问题的决定》，明确了财税体制改革的原则和主要内容。同年12月15日，国务院作出《关于实行分税制财政管理体制的决定》，从1994年1月1日起改革现行地方财政包干体制，对各省、自治区、直辖市以及计划单列市实行分税制财政管理体制,从此我国财税体制开始了根本性的调整。

分税制改革是中央政府自上而下推动的,改革增加了中央政府的财政收入,提高了中央政府宏观调控的能力,转移支付制度也在一定程度上缩小了地区间的经济差异。但是分税制改革带来的财权上收和事权下放加剧了地方政府的财政困境,加剧了地方政府"财权"与"事权"不匹配的矛盾,导致地方政府财政缺口不断扩大,这为融资平台的登场拉开了序幕。

2. 预算法、担保法及《贷款通则》的限制

政府可以通过直接借款或者发行债券两种方式进行债务融资。1993年以前,地方政府可以通过直接发行债券进行融资。1958年4月,中共中央发布了《关于发行地方公债的决定》,决定自1959年起停发全国性公债,但允许地方在必要时发行地方债务,并规定了发债的条件。20世纪80年代末、90年代初,由于经济建设需要,一些地方政府曾发行过地方债券。但是改革开放前期,由于存在融资方式不规范、资金用途不透明、采取行政摊派发行等问题,国务院于1993年发文制止了地方政府的举债行为。1994年,《预算法》明文规定:除法律和国务院另有规定外,地方政府不得发行地方政府债(直到2014年《预算法》第一次修正,才允许省级政府发债)。1996年8月1日起施行的中国人民银行《贷款通则》规定,商业银行的借款人应当是经"工商行政管理机关(或主管机关)核准登记的企(事)业法人、其他经济组织、个体工商户或具有中华人民共和国国籍的具有完全民事行为能力的自然人"。因此,分税制导致地方财政收入减少,而预算法又不允许地方发债筹集资金,政府不能直接作为借款人向银行申请贷款,根据担保法的规定,也不允许进行担保。经济建设所需大量资金如何解决?

在这种背景之下,加上银行自身也面临贷款投向的问题,国家开发银行等政策性银行以及国有大行建议地方政府通过设立融资平台的方式,来承接商业银行的信贷投放,并可变相实现地方政府融资的目的,规避预算法和《贷款通则》的约束。地方融资平台并不是一个法律概念,它的真实身份就是企业。其特殊性在于,大股东是地方政府,成立的目的也是为政府项目融资。

(二)地方政府融资平台被称为"天才"创新的原因

地方融资平台的最显著特征就是:它由地方政府及其部门和机构、所属事业单位等通过财政拨款或注入厂房、土地、股权等政府资产设立,以公司面目出现,但实际是为政府融资服务、具备融资能力的经济实体。也就是说,地方政府为弥补巨大资金缺口,通过拨付各类资产,包括各类可用、不可用的资产,组建一个符合金融机构借出资金标

准的国有企业来为政府对外进行融资服务，从而使政府由捉襟见肘的苦行僧立刻变身为在资本市场上游刃有余的高手玩家，融资通路豁然开朗。地方政府利用融资平台可进行银行贷款、信托借款、发行债券甚至上市等各类操作。

三、案例总结

政府根据经济建设的需求进行一定程度的资本运作是必要的，但应以合理、适度、高效为原则。本案例中地方政府在各类法律法规的约束下，面临巨大的建设资金压力，创造性地发明了地方政府融资平台这一资本运作工具，称之为"天才"创新毫不为过。地方政府融资平台的创设在一个阶段的确对地方政府缓解建设资金压力、推动地方经济发展起了重大作用，但是后来其融资用途已经超越建设，甚至延伸至政府日常开支，并造成重复建设、无效建设。地方政府难以承担的巨额隐形债务使得地方政府融资平台的作用走向了反面，规范、整顿、治理就势在必行了。

资本运作，无论个人、企业还是政府，都应在法律允许的范围内进行，对于违法和产生严重负面经济、社会效应的所谓资本运作应依法依规进行严厉的打击。

政府应该跟随资本市场的发展，在法律框架内不断创新资本工具，以更好服务地方经济发展。

 术语解析

预算法

预算法指《中华人民共和国预算法》，是为了规范政府收支行为，强化预算约束，加强对预算的管理和监督，建立健全全面规范、公开透明的预算制度，保障经济社会的健康发展，根据宪法制定的法律。

1994年3月22日，第八届全国人民代表大会第二次会议通过《中华人民共和国预算法》，并于1995年1月1日起施行。

2014年8月31日，第十二届全国人民代表大会常务委员会第十次会议表决通过了《全国人大常委会关于修改〈预算法〉的决定》，并决议于2015年1月1日起施行。至此，预算法在出台20年后，终于完成了首次修正。

2018年12月29日，预算法根据第十三届全国人民代表大会常务委员会第七次会议《关于修改〈中华人民共和国产品质量法〉等五部法律的决定》作了第二次修正。

> **担保法**
>
> 担保法指《中华人民共和国担保法》。
>
> 为促进资金融通和商品流通，保障债权的实现，发展社会主义市场经济，1995年6月30日，第八届全国人民代表大会常务委员会第十四次会议通过《中华人民共和国担保法》，自1995年10月1日起施行。
>
> 2020年5月28日，十三届全国人大三次会议表决通过了《中华人民共和国民法典》，自2021年1月1日起施行。《中华人民共和国担保法》同时废止。

四、思考与分析

（1）试述地方政府融资平台的搭建目标、搭建方法及显著特征。

（2）你认为现在还存在地方政府融资平台吗？为什么？

（3）试述地方政府融资平台的转型路径。

第二节　北京地铁四号线的 PPP 建设模式

导言

> 北京地铁4号线项目是国内城市轨道交通行业第一个正式批复实施的特许经营项目，也是我国第一个运用PPP模式、引入市场部门运作的地铁项目。该项目运用PPP模式进行融资，不仅有效缓解了当时北京市政府的资金压力，实现了北京市城市轨道交通行业投资、运营主体的多元化，还通过引入市场部门，促进了技术进步和管理水平、服务水平的提升。该项目在研究PPP模式上具有典型意义，集中体现了PPP模式打破基础设施建设融资难困境的创新价值，使政府部门和市场部门的力量形成一股合力，对于在现有预算框架下缓解地方债务、完善基础设施建设乃至推进新型城镇化，具有一定的借鉴意义和实践价值。这一经典的PPP模式的项目，也可以使我们了解到政府在其中所进行的资本运作。

一、案例简介

2001年7月13日，北京申办2008年奥运会获得成功。随后，为了实现奥运承诺及缓解首都地面交通压力，北京市政府决定大力发展轨道交通项目，并明确了新建200千米、总投资达600多亿元的投资建设任务。然而，轨道交通项目具有建设周期长（一般在4年以上）、投资大（地下线每千米造价约7亿元，地面线每千米造价约3亿元）、回收期长、公益性强、营利能力弱等显著特点，使轨道交通的建设与投融资问题成为世界性的难题。按照北京的轨道交通建设计划，到2015年，轨道交通新线项目的静态融投资任务要达到2 200亿元，总体动态融投资任务超过3 500亿元。随着新线逐步投入运营，到2015年，预计当年仅简单运营亏损就达43亿元（不包含折旧和财务费用），全营运亏损高达170多亿元（包括折旧和财务费用），到2015年政府当年在运营上的投入相当于一条新线的总投资，政府的财政负担十分巨大。

2003年11月17日，为破解轨道交通建设的资金瓶颈问题，北京市委、市政府从建设科学的体制机制和建立现代企业制度入手，将原北京地铁集团公司改组，分别成立了北京市基础设施投资有限公司（以下简称京投公司）、北京市轨道交通建设管理有限公司和北京市地铁运营有限公司，科学划分和界定三家公司的职能定位：赋予京投公司承担北京市基础设施项目的投融资和资本运营的任务，让京投公司作为北京市轨道交通业主，委托建管公司建设轨道交通新线项目，建成后委托运营公司运营地铁线路。北京市委、市政府的目的很明确，就是要通过专业化的分工协作，使三家公司各司其职，共同推动北京市轨道交通的快速发展。北京市委、市政府为轨道交通建设搭建了很好的平台，但600多亿元的"真金白银"从哪里来？

京投公司着手研究PPP模式在国外基础设施领域中的应用情况，并试图以PPP模式来解决北京地铁四号线的融资问题。京投公司从构思、模型、研究、研发、解决政策、财务、技术、法律实际问题等方面着手，用了整整两年时间编制出一套完整的方案。方案是实践的基础，更是实践的指南。有了适合我国国情的融资方案，接下来要做的工作就是将其应用到实践中去，即引入投资方，也只有顺利地实现这一步，中国化PPP模式才算最终发挥作用。2004年，京投公司领导带队编制招商文件，组织、参与了4次大型推介会，进行国际招商。西门子、新加坡地铁公司等10余家公司表达了投资意向。考虑到轨道交通行业特点、社会投资者投资能力和城市轨道交通运营经验和能力，京投公司将目光锁定在"西门子-中铁建联合体"和"港铁-首创联合体"两家。通过与两家联合体的多轮竞争性谈判，经北京市政府有关部门同意，最终"港铁-首创联合体"凭借良好的资信、雄厚的资金实力、丰富的运营经验、先进的管理理念等因素被选定为PPP模式中的社会投资者。

2003年8月，历经半年时间的谈判后，京投公司与港铁公司双方最终达成初步合作协议。2005年2月8日，北京市交通委代表市政府与"港铁-首创联合体"草签《特许经营协议》。2006年1月16日，经国家发改委和商务部正式批准，北京京港地铁取得工商营业执照。功夫不负有心人，京投公司创立的中国化的 PPP 模式终于结出硕果，京投公司为北京地铁四号线成功引入了"港铁-首创联合体"的 55 亿元的建设投资，而这是我国内地第一个特许经营的地铁项目，也是当时京港合作最大的一个投资项目。

京投公司的经营团队成功运作刷新了多项业界纪录：该项目是国内基础设施领域第一个公私合作项目，吸引社会投资 55 亿元；是国内轨道交通行业第一个建设-转移（BT）项目，应用于地铁奥运支线，节省投资 3.35 亿元；发行了 2000 年企业债券实行额度审批以来第一支以轨道交通企业作为发行主体的企业债券——"04 京地铁债" 20 亿元，累计发行 60 亿元；是国内金融领域第一个人民币贷款利率期权项目，融资 80 亿元；成功发行了国内轨道交通领域第一支短期融资债，累计融资 90 亿元；是国内轨道交通行业第一个银行竞标贷款额度项目，累计融资近 1 600 亿元；是国内轨道交通行业第一个固息贷款项目；是国内轨道交通行业第一个出口信贷项目；成功在国内轨道交通行业第一个利用信托方式引入了 10 亿元社保基金；成功运作国内最大一笔股权信托项目，价值 200 亿元；成功获批保险债券投资计划，总规模 30 亿元，京投公司成为保监会 2009 年 4 月颁布相关政策后获批的第一家将保险资金引入轨道交通领域的企业。

二、案例分析

北京市地铁四号线的建设主要采取公共部门和私人部门的合作形式，并且政府适当地承担私人部门的部分运营风险。其 PPP 模式具有以下几个特点。

第一，框定地铁建设非经营性部分的政府投资与可经营性部分社会投资的基础比例。根据国际经验，北京市为四号线项目融资框定了政府和社会投资 7∶3 的基础比例，即占比 70%的非经营性项目投资由政府承担，占比 30%的经营性项目投资通过市场化操作引入社会资金解决。在项目的非经营性部分，北京市政府作为主要投资者采取项目建设招标的形式确定施工主体，并且通过隶属于北京市政府的京投公司作为政府资金的出资方在市场上发行了 20 亿元的地铁建设债券募集资金，弥补了政府投资的不足。

第二，将地铁可经营性部分的投资与竣工后的运营收益联系起来进行社会融资。北京市政府明确了只有项目的可经营部分与建成后的运营收益挂钩，非经营性项目的投资只由政府承担，由新建地铁可经营部分的社会投资者负责竣工后的线路运营，从运营中获得投资收益。BOT 模式应用项目的可经营性部分来引入社会资本，社会投资者利用在线路上的运营权来回收资金并得到合理的回报，特许经营期满后，政府收回线路的运营权。

第三，在非经营性项目上，北京市政府采用灵活务实的处置办法。政府投资建设项目的非经营性部分，以国有资产无偿或者有偿的方式交给拥有特许经营权的社会投资者使用和管理，然后以股权的形式参与运营的决策，虽然不具有管理和决策权，但是享有知情权和否决权。

第四，政府根据一定的实际情况给予地铁运营商一定的政策支持。为了保证地铁建设和运营市场化进程的顺利进行，北京市政府依据实际情况采取了两种扶持政策：一是基于项目运营过程中的客流量和票价改革情况，适当调高不可经营部分的投资，适当调低可经营部分的投资；二是在投资比例保持不变的条件下，政府依据运营中的实际情况对享有特许经营权的公司施行补偿政策。投资补偿可以采取现金补偿、经营政策优惠、放松价格管制等措施。现金补偿指当运营商的实际收益不足以弥补其投资和成本时，政府给予财政补贴；经营政策优惠指将线路沿线的房地产优先开发权和商业经营权给予特许经营的社会投资者，来间接弥补收益不足；放松价格管制指政府根据实际运营情况，给予特许经营公司一定时限和幅度的票价自主权和销售自主权。

北京地铁四号线项目采用特许经营方式运作的方法，是北京城市基础设施投融资模式的重要创新，对于全国其他城市基础设施投融资模式的创新具有重要的借鉴意义。PPP模式使得基础设施项目的投资、建设和运营三个环节紧密衔接，不仅克服了传统投融资模式的运营资金不足、过度依赖政府财政补贴的弊端，还节约了财政资金，更是促进了政府转变职能，达到政企分开、推进公共事业市场化进程的目的。

三、案例总结

PPP模式已成为全球基础设施建设普遍采用的模式，PPP项目运用成功的国内外案例很多。PPP融资方式在北京地铁四号线上的成功应用，不外乎得益于内外两种条件。内部条件包括：项目建设和运营过程中政府部门与民间资本的相互配合，形成有效的组织管理机构；掌握了PPP模式规范化和标准化运作程序，熟悉PPP项目的风险分配，以及可以提供PPP项目运作的技术指导和政策支持的复合型人才；合理的风险分配。外部条件包括：有较为完善的政策法规制度；有完善的资本市场和健全的信用担保体系；有较为完善、成熟的市场竞争环境。

北京地铁四号线项目对我国城镇基础设施建设的借鉴意义在于以下三方面。

一是项目融资模式。可采用特许经营类型的PPP模式，将整个四号线项目的营利性部分和非营利性部分相分离，并确定两部分的投资比率，然后对营利性部分运用BOT模式引入社会资金，非营利性部分主要由代表政府的建投公司发行债券进行融资建设。

二是项目管理。四号线项目实施前，组建了专业的融资、财务、技术、法律和客流调查等顾问团，广泛地分析国内外融资案例，才决定了实施方案。要寻找实力雄厚和经验丰富的专业国际投资人作为合作方，以合作协议、特许经营协议、租赁协议和承包协议等合同的方式在项目的融资、建设和运营的整个周期内固定政府的权力及责任，明确投资、建设和运营的主体，保证建设运营公司具有充分的经营自主权，政府具有明确的监管权力。政府对私人部门采取前补偿与后补偿的形式，保证项目的建设和运营顺利进行。

三是适用范围。北京地铁四号线 PPP 融资项目可以称得上我国城市轨道交通领域首个市场化融资成功的项目。该模式在国内外不仅在轨道交通领域成功运用，在其他领域也得到了成功复制，例如南京长江三桥、国家体育场、青岛污水处理厂和广州西朗污水处理厂等项目。虽然 PPP 模式在我国没有统一明确的适用范围规定，但是可以依据 PPP 项目的一般特点和能否提供更具性价比的融资来判断 PPP 模式适用范围，这也是国际社会主流的做法。

 术语解析

政府和私人部门合作（public private partnership, PPP）

PPP 模式是公共服务供给机制的重大创新，即政府采取竞争性方式择优选取具有投资、运营管理能力的私人部门，双方按照平等协商原则订立合同，明确责权利关系，由私人部门提供公共服务，政府依据公共服务绩效评价结果向私人部门支付相应对价，保证私人部门获得合理收益。PPP 模式有利于充分发挥市场机制作用，提升公共服务的供给质量和效率，实现公共利益最大化。

建设—经营—转让（build-operate-transfer, BOT）

BOT 是私营企业参与基础设施建设，向社会提供公共服务的一种方式。

中国一般称之为"特许权"，是指政府部门就某个基础设施项目与私人企业（项目公司）签订特许权协议，授权私人企业（包括外国企业）来承担该项目的投资、融资、建设和维护，在协议规定的特许期限内，允许其融资建设和经营特定的公用基础设施，并通过向用户收取费用或出售产品以清偿贷款，回收投资并赚取利润。政府对这一基础设施有监督权、调控权，特许期满，私人企业将该基础设施无偿或有偿移交给政府部门。

建设—移交（building-transfer, BT）

BT 是政府利用非政府资金来进行基础非经营性设施建设项目的一种融资模式。

项目工程由投资人负责进行投融资,具体落实项目投资、建设、管理。工程项目建成后,经政府组织竣工验收合格,资产交付政府;政府根据回购协议向投资人分期支付资金或者以土地抵资,投资人确保在质保期内的工程质量。

BT模式是BOT模式的一种变换形式,目前采用BT模式筹集建设资金成了项目融资的一种新选择。

四、思考与分析

(1) 作为国内首个以PPP模式建设的地铁项目,北京地铁四号线对PPP模式发展有哪些作用和意义?

(2) 请分析地方政府采用PPP模式来开展建设基础设施(包括地铁等)的优势和劣势各有哪些?

第三节 首单"债转股"化解地方国企债务案

导言

在国际经济环境日趋复杂、我国经济下行压力仍然较大的背景下,一些企业经营困难加剧,一定程度上导致了债务风险上升。为切实降低企业杠杆率,增强经济中长期发展韧性,2016年10月,国务院颁布了《关于市场化银行债权转股权的指导意见》。随后,云南锡业集团与中国建设银行签订系列合作协议,进行债转股项目的相关运作,云南锡业集团债转股成为全国首单地方国企市场化债转股项目。

一、案例简介

云南锡业集团(控股)有限责任公司(以下简称"云锡集团")成立于1883年,原名个旧厂务招商局。云锡集团目前的股东是云南省人民政府国有资产监督管理委员会(以下简称"云南省国资委")。云锡集团成为具有锡、锌、铜、铟等有色金属资源探采、选冶、深加工以及新材料研发、贸易纵向一体化产业格局的世界锡行业龙头企业;拥有锡生产、加工、出口基地和以锡为主业的上市公司——云南锡业股份有限公司(以下简称"锡业股份");拥有世界锡行业从探采到高端研发的一体化全产业链;拥有中国锡行业独享的锡进料加工复出口政策；拥有世界锡行业健全的全球销售网络。

2016年10月16日，云锡集团与中国建设银行股份有限公司（以下简称"建设银行"）在北京签订系列合作协议，开展债转股项目运作。债转股规模100亿元，分两期执行，第一期43.5亿元，第二期56.5亿元。

截至2016年上半年，云锡集团总资产525亿元，负债435亿元，公司负债率达到82.9%，较行业平均水平55%高出近30个百分点，降杠杆目标为负债率65%。首期43.5亿元债转股操作完成后，公司的资产负债率可降低8.28%；100亿元债转股操作全部完成后，共计降低公司的资产负债率15%以上。

该债转股项目的具体实施方式如图6-1所示。

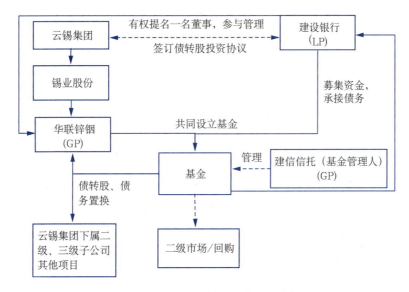

图6-1 云锡集团债转股实施交易结构图

第一步：成立有限合伙基金。建设银行和云锡集团旗下的子公司云南华联锌铟股份有限公司（以下简称"华联锌铟"）发起设立"云南锡业集团转型发展有限合伙基金"（以下简称"合伙基金"）投资云锡集团下属优质子公司或优质资产。由建设银行旗下子公司建信信托有限责任公司（以下简称"建信信托"）和华联锌铟担任合伙基金的一般合伙人（GP），同时建信信托担任合伙基金的基金管理人。建设银行则通过发行理财产品募集各种渠道的资金参与到合伙基金中，担任合伙基金的有限合伙人（LP）。

第二步：被投资企业或项目用合伙基金募集的投资资金偿还银行贷款。建设银行少量出资，主要通过各种渠道募集社会资金，包括理财资金、信托资金、保险机构、资产管理公司等。合伙基金以1∶1的企业账面价值承接云锡集团的债务，并用募集得来的资金偿还云锡集团的银行贷款。募集而来的基金分为不同的优先档，对应不同的收益和风险，基金收益率在5%~15%之间，不刚性兑付。

第三步：建设银行通过购买合伙基金所发基金份额间接持有为对华联锌铟的股权，从而实现债权对股权的转换。债权转换成的股权，对应的不一定是原负债单位，而是集团旗下的优质板块和资产。债转股规模100亿元，分两期执行，第一期43.5亿元，第二期56.5亿元。首期三个项目为集团下属二级、三级子公司中资产优质、盈利能力强的项目。第一个项目资金23.5亿元，用于置换企业部分高息负债资金；第二个项目资金10亿元，用于对云锡集团下属关联公司实施投资；第三个项目资金10亿元，用于对云锡集团下属关联公司优质矿权进行投资。债转股的股权定价由建设银行和云锡集团参考第三方评估机构、具体的二级市场价格等因素自主确定。

第四步：通过债权转股权后，合伙基金拥有华联锌铟公司的股权，成为公司股东，对公司享有经营管理权。根据协议安排，基金的有限合伙人——建设银行有权提名一个华联锌铟董事会席位，设置业绩指标，参与投资、经营层面管理，维护建设银行自身的利益。

第五步：基金退出。建设银行关于此次云债转股的股权退出方案设计了三种形式。一是通过资本市场实现股权退出，建设银行预计云锡集团将在2020年实现810亿元的营业收入和23亿元以上的营业利润，若达到预期水平，则将云锡集团旗下未上市的优质资产和华联锌铟等优质子公司打包装进云锡集团目前的上市平台公司锡业股份和贵研铂业中，实现从二级市场退出；二是设置远期回购协议，若到期无法实现预期利润，约定云锡集团采用回购股权方式实现基金的顺利退出；三是允许基金延期退出，若基金到期后，云锡集团的经营状况良好，公司分红稳定，投资者也可以考虑继续持有华联锌铟的股权，继续享受分红。

二、案例分析

云锡集团此轮债转股遵循市场化、法治化的原则，与之前的政策性债转股存在许多不同。

（一）运作方式

此轮债转股除国家另有规定外，银行不得直接将债权转为股权。银行将债权转为股权，应通过向实施机构转让债权、由实施机构将债权转为对象企业股权的方式实现。

建设银行采用了"基金+优质资产"模式。建设银行和华联锌铟共同出资成立基金进行处理，而不是传统意义上的交由资产管理公司。建设银行通过发行理财产品募集资金参与到合伙基金中，担任有限合伙人，因而募集资金没有直接注入转股企业，而是由基金公司代为管理再参与债转股，募集资金用于投资华联锌铟的优质资产。

（二）资金来源

市场化债转股所需资金由实施机构充分利用各种市场化方式和渠道筹集，更是鼓励实施机构依法依规面向社会投资者募集资金，特别是可用于股本投资的资金，包括各类受托管理的资金。

在以基金为载体的实施模式下，建设银行作为债转股中的债权人只提供了少量资金，大部分资金都来源于社保基金、私人理财产品、资管计划等社会资金，有效减低了建设银行资本计提压力。

（三）定价方式

在市场化债转股的具体实施操作中，对于债权和股权的定价是整个转股方案的关键性问题。市场化债转股由银行、企业和实施机构自主协商确定债权转让、转股价格和条件。可参考股票二级市场交易价格确定国有上市公司转股价格，参考竞争性市场报价或其他公允价格确定国有非上市公司转股价格。

债权方面，一般来说，商业银行进行债转股的正常贷款是按1∶1的债股比例转换，问题贷款则是按照三至四折的折扣率对债务进行折价计算，由专业的第三方评估机构确定合理的现金价值。此次建设银行对云锡集团债转股的债务都是正常贷款，因此此次合伙基金是以1∶1企业账面价值承接债务的。

股权方面，对于云锡集团下属二级、三级子公司中的优质资产，按照由双方确定的专业评估机构确定公允价值，再由双方进行协商确定入股价格；对于集团下属上市公司（锡业股份、贵研铂业）的资产，则参照股票二级市场交易价格进行定价。

（四）股东权利

为了规避企业的道德风险和信息不对称，建设银行与华联锌铟公司约定，建设银行有权提名一个华联锌铟董事会席位，参与企业经营决策。这一股东权利有利于促进企业完善公司治理结构，提高生产经营能力。

（五）退出机制

市场化债转股中，实施机构对股权有退出预期的，可与企业协商约定所持股权的退出方式。债转股企业为上市公司的，债转股股权可以依法转让退出。债转股企业为非上市公司的，也鼓励利用并购、全国中小企业股份转让系统挂牌、区域性股权市场交易、证券交易所上市等渠道实现转让退出。

涉及基金（或投资人）退出时有三种选择：一是通过资本市场退出，即通过二级市场交易卖出；二是与企业或股东签订对赌协议，约定若事前承诺事项不达标，企业或股东将基金（或投资人）持有的股权回购，从而实现退出；三是延长持有期，即在企业经营状况良好、投资回报率较高的情况下延长持股期限。

此次建设银行设计了三个退出方案。第一，从资本市场退出。建设银行预计云锡集团将在2020年实现810亿元的营业收入和23亿元以上的营业利润，若达到预期水平，则将云锡集团旗下未上市的优质资产和华联锌铟等优质子公司打包装进云锡集团目前的上市平台公司云锡股份和贵研铂业中，实现从二级市场退出。第二，企业回购。若到期云锡集团无法实现预期利润，约定云锡集团采用回购股权方式实现基金的顺利退出。第三，基金延期。若基金到期后，云锡集团的经营状况良好，公司分红稳定，投资者也可以考虑继续持有华联锌铟的股权，继续享受分红。这种股权退出机制设计一定程度上规避了中国建设银行实现股权退出的风险，即使云锡集团无法完成预期利润，中国建设银行方面也能收回自身投资。

三、案例总结

在云南锡业集团与建设银行——首单地方国企市场化债转股案例中，通过"基金＋优质资产"的模式，云锡集团与其他银行间的贷款成功转换为对云锡集团下属上市平台的股权投资及下属公司的优质项目投资。

作为有色金属行业乃至全国首家实施债转股的地方国有企业，云锡模式无论是对有色金属行业的发展还是全国债务风险高企的企业都具有重要的现实意义和示范效应。一方面，若此次债转股的100亿资金全部到位，将降低云锡集团资产负债率15个百分点，切实降低企业杠杆率，缓解债务风险；另一方面，建设银行通过对基金份额投资的间接注资，将资金投入到云锡集团有较好盈利前景的板块和优质资产，如优质矿产的采矿权以及锌、铟等贵金属的采、选、冶等，力推云锡集团打造世界最大的锡基和锡化工新材料产业基地，以及省级铟系列材料产业基地，实现企业转型升级，有助于改善企业长期经营状况。

云锡集团的债转股操作，一方面，未雨绸缪及时化解了可能的债务风险；另一方面，通过缓解云锡集团的财务压力，使得集团减负发展，建设银行也能从集团的良性发展中获得利润，实现共赢。此外，通过设立基金的方式，建设银行撬动了社会资金的参与，而自身只投入了少量资金，有效减轻了建设银行资本计提压力。

术语解析

市场化债转股

市场化债转股是指由市场主体自主协商确定债转股企业转股的债权、转股的价格、实施机构，并且在市场筹措债转股资金，各相关市场主体自主决策、自担风险、自享收益。根据 2016 年 10 月国务院发布的《关于积极稳妥降低企业杠杆率的意见》（国发〔2016〕54 号）、《关于市场化银行债权转股权实施中有关具体政策问题的通知》（发改财金〔2018〕152 号）以及《关于鼓励相关机构参与市场化债转股的通知》（发改办财金〔2018〕1442 号）的相关规定，可以参与市场化债转股的主体主要包括：(1) 金融资产管理公司、保险资产管理机构、国有资本投资运营公司等实施机构；(2) 银行现有符合条件的所属机构，或允许申请设立符合规定的新机构；(3) 符合条件的保险集团（控股）公司、保险公司、保险资产管理机构设立专门实施机构、保险业实施机构设立私募股权投资基金；(4) 各类私募股权投资基金、创业投资基金、产业投资基金等，私募股权投资基金管理人可以独立开展或与其他机构联合开展市场化债转股项目，符合条件的银行理财产品可向实施机构发起设立私募股权投资基金出资；(5) 银行、信托公司、证券公司、基金管理公司等依法依规发行资产管理产品；(6) 外资通过设立私募股权投资基金开展市场化债转股业务。

市场化债转股对象企业系由各相关市场主体依据国家政策导向自主协商确定。市场化债转股对象企业应具备如下条件：

(1) 发展前景较好，具有可行的企业改革计划和脱困安排；

(2) 主要生产装备、产品、能力符合国家产业发展方向，技术先进，产品有市场，环保和安全生产达标；

(3) 信用状况较好，无故意违约、转移资产等不良信用记录。

鼓励面向发展前景良好但遇到暂时困难的优质企业开展市场化债转股，具体包括：

(1) 因行业周期性波动导致困难但仍有望逆转的企业；

(2) 因高负债而财务负担过重的成长型企业，特别是战略性新兴产业领域的成长型企业；

(3) 高负债居于产能过剩行业前列的关键性企业以及关系国家安全的战略性企业。

禁止将下列情形的企业作为市场化债转股对象：

(1) 扭亏无望、已失去生存发展前景的"僵尸企业";
(2) 有恶意逃废债行为的企业;
(3) 债权债务关系复杂且不明晰的企业;
(4) 有可能助长过剩产能扩张和增加库存的企业。

四、思考与分析

1. 债转股的发展历程是怎样的?什么是"明股实债"?
2. 市场化债转股与政策性债转股有何异同?

第四节 山东路桥债转股与混改案

导言

2016年10月,国务院发布《关于积极稳妥降低企业杠杆率的意见》(国发〔2016〕54号)(以下称"54号文");同年12月,中央经济工作会议提出了2017年"去杠杆"的总体目标:"在控制总杠杆率的前提下,把降低企业杠杆率作为重中之重。要支持企业市场化、法治化债转股,加大股权融资力度,加强企业自身债务杠杆约束等,降低企业杠杆率。"54号文也将《关于市场化银行债权转股权的指导意见》作为附件,将债转股的实施方式及适用范围进行了进一步的明确。另外,54号文提出可以通过"推动混合所有制改革"去杠杆,在实施债转股部分亦提到了"鼓励实施机构引入社会资本,发展混合所有制"。所以国企混改、债转股是去杠杆中相辅相成的方法,而非绝对对立。在债转股中引入社会资本,是实现国有企业混改的方式之一,也就是说,通过国企混改配合债转股,其最终目的都是降低国有企业的负债,减小债务压力,改善国有企业资本结构及治理结构,提高国有企业发展动力。

2019年7月,国家发展改革委、中国人民银行、财政部、银保监会发布《2019年降低企业杠杆率工作要点》,其中明确指出各部委将持续推进"促进市场化债转股与混合所有制改革等有机结合,优化股权结构,推动完善现代企业制度"。

在以上政策背景下,2018年12月底,处于债务困境中的山东高速路桥集团股份有限公司(以下简称"山东路桥")开始着手实施"债转股"及混改计划,并于2020年找到了合适的退出路径,顺利地完成了整个债转股的流程。

一、案例简介

（一）债转股主体简介

本案例的实施主体山东路桥，是由原主体山东省公路运输总局工程处发展而来，中间曾更名为山东省交通工程公司。2012年，山东路桥通过与ST丹化合并重组的方式借壳上市。山东路桥是一家从事路桥工程施工和养护施工的公司，公司主要产品和服务包括路桥工程施工、路桥养护施工、周转材料及设备租赁销售、商品混凝土加工销售、工程设计咨询等。到2018年底，公司发展成为拥有公路工程施工总承包特级资质、公路行业甲级（工程设计资质证书）和对外承包工程资格证书等多种资质的路桥企业集团。

基建行业迅速发展，竞争加剧，整个行业在迎来快速发展期的同时也面临着一些新的挑战。山东路桥为稳固自身竞争优势，加快了整体基建项目的进度，投标中标与开工的项目也急剧增加，导致企业不断需要大量资金。在基建行业整体项目周期长、回款慢的特点下，企业只能通过大量银行借款满足项目前期垫付资金需求，最终导致企业资产负债率不断攀升，近年来升至70%。过高的债务率导致山东路桥逐渐难以为继，在国家推出及鼓励以债转股缓解国有企业债务风险的政策背景下，山东路桥热情拥抱，果断选用此方法来缓解自身压力，积极寻找投资者，并推进国家大力鼓励的国企混改。

（二）具体流程

2018年山东路桥实施的债转股与混改共有两个步骤，具体实施流程如下。

（1）2018年，山东路桥通过召开董事会，决定在其核心子公司——山东省路桥集团有限公司（以下简称"路桥集团"）层面启动市场化债转股，会议决议通过山东铁路发展基金有限公司（以下简称"铁发基金"）、光大金瓯资产管理有限公司（以下简称"光大金瓯"）两家投资机构对路桥集团增资11.5亿元。路桥集团按协议约定在取得标的资金后，将所获现金增资款全部用于偿还企业短期银行贷款。铁发基金是2016年由省政府主导设立的专项建设基金，主要用于包括国铁干线、城际铁路等在内的山东铁路项目的省级资本金出资及土地综合开发、资本市场运作等。光大金瓯是光大集团旗下的专门从事不良资产处置和资产投资运营的地方资产管理公司。因铁发基金、光大金瓯均为国资委控制下的国有企业，故增资前后，路桥集团的实际控制人并未发生改变。

在交易价格方面，因路桥集团并未上市，无法将股票二级市场价格作为参考，故双方聘请了独立的第三方资产评估机构（中联资产评估集团有限公司）进行作价估值。最终以2018年9月30日为评估基准日，计算路桥集团2018年9月30日净资产价值后，确定了铁发基金和光大金瓯本次注资的持股比例。

至此，铁发基金、光大金瓯两家公司通过注资取得了标的公司路桥集团的部分股权。增资以现金方式进行，且增资款全部用来偿还银行债务，以此来降低路桥集团的资产负债率，继而降低山东路桥的资产负债率。

表 6-1 列出了铁发基金、光大金瓯注资前后路桥集团的股权变动情况。

表 6-1　路桥集团股权变动情况表

序号	股东名称	增资方式	增资金额（万元）	持股比例（%）增资前	持股比例（%）增资后	增资后注册资本（万元）
1	山东路桥	—	—	100.00	82.89	201 000
2	铁发基金	现金	100 000		14.88	36 086.10
3	光大金瓯	现金	15 000		2.23	5 412.92
	合计		115 000	100.00	100.00	242 499.02

（2）2020 年 8 月 12 日，山东路桥发布《发行股份购买资产并募集配套资金暨关联交易报告书》，公告显示山东路桥拟以发行股份方式购买铁发基金、光大金瓯合计持有的路桥集团 17.11% 股权。根据中联评估出具的《资产评估报告》，截至评估基准日 2019 年 9 月 30 日，路桥集团股东全部权益的评估值为 693 033.07 万元。基于上述评估结果，并综合考虑评估基准日后路桥集团现金分红 65 000.00 万元，经山东路桥与铁发基金、光大金瓯协商，确定路桥集团 17.11% 股权的交易价格为 107 475.71 万元，对价均以股份方式支付。本次发行股份购买资产的定价基准日为公司审议本次交易事项的首次董事会决议公告日。按照本次发行股票价格 4.66 元/股计算，本次拟发行股份数量为 230 634 574 股。

本次交易完成后，公司将持有路桥集团 100% 的股权，路桥集团成为公司的全资子公司，至此，山东路桥完成对路桥集团的股份回购。交易完成后，山东路桥将子公司路桥集团对银行的债务转换为自身的股份，本次市场化债转股顺利完成。山东路桥市场化债转股具体流程如图 6-2 所示。

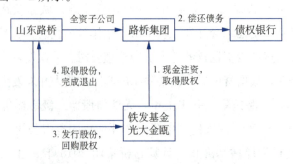

图 6-2　山东路桥市场化债转股流程图

二、案例分析

1. 偿还借款，降低杠杆率

实施债转股的前后，山东路桥的资产负债率由76.94%降至72.91%，下降了4.03个百分点，速动比率由0.773上升至1.098，企业流动性及偿债能力显著提高。在实施债转股之后，山东路桥缓解了自身的财务压力，筹到了更多的资金，有较为充分的资金发展主营业务。且偿债指标好转后，企业进一步举债也更为便利，包括银行授信以及发行债券等途径。综上所述，本次债转股对山东路桥的偿债能力和正常经营提供了有效的保障，提高了企业的竞争优势，使企业迈入了一个新的发展阶段。

2. 股权多元化

在山东路桥实施债转股的第一步中，其他资本的注资使得各股东之间相互制衡，有效避免出现"一言堂"的情形，有利于公司整体效率的提升及公司治理的完善。

3. 董事会成员相互制衡

在铁发基金和光大金瓯注资山东路桥的子公司路桥集团时，按照约定，铁发基金有权提名一名董事及一名监事，新成员的加入有助于提升公司日常经营活动中的决策水平，提高公司整体的盈利能力。

三、案例总结

市场化债转股是降杠杆的有效措施。市场化债转股是我国供给侧结构性改革背景下的一项重大政策创新，在减少企业债务的同时，可以增加地方国企资本，缓解地方国企债务危机，是各种降杠杆措施当中产生效果最快、最明显的方式。作为发展型的降杠杆手段，市场化债转股在不影响企业融资的情况下取得降杠杆的实效，有助于帮助地方国企调整治理结构，实现防风险和稳增长的平衡。在当前国内外经济复苏仍面临诸多困难和挑战的形势下，市场化债转股作为化解实体经济高杠杆风险的有效手段，尤其应发挥更大的作用，为我国经济转型升级提供稳定的市场环境，从根本上助力供给侧结构性改革。

术语解析

国企混改

国企混改是指国有企业与民营企业、外资等进行混合所有制改革，以实现国有企业优化重组、股权多元化以及市场化运作的目标。

四、思考与分析

1. 铁发基金、光大金瓯除在本案例中的股权退出方式外,是否还存在其他的退出路径?上述两家投资者在退出阶段是如何权衡与考虑的?
2. 山东路桥为何选择债转股而非国企混改化解企业债务?债转股如何发挥自己的优势?

第五节　政府资本运作成就合肥崛起

> **导言**
>
> 合肥一直以来并没有多少存在感,长期不被看好,却凭借自身努力逐渐找准了发展方向。最近几年,随着京东方(显示屏)和蔚来(新能源车)这两家行业龙头的大热,合肥从一个长三角区域的边缘城市一跃成为引人瞩目的"新一线城市"。合肥市政府也一战成名,成为"选对赛道,投中企业"的"最牛投行"。合肥为什么会成功?我们可以从下面三个典型的合肥市政府资本运作的成功案例中寻找答案。

一、案例简介

合肥,因东淝河与南淝河交汇于此而得名,夹在长江和淮河之间,环抱美丽的巢湖。自秦置县,合肥已有两千多年的历史,但是合肥直到1949年才建市,1952年被确定为新中国安徽省的省会,是中国最年轻的省会之一。那时的合肥城区面积才5平方千米多,人口不过5万多一点。到1978年,城市建成区面积扩大了十倍,人口则达到了70万。改革开放之后,合肥发展也比较滞后。2000年之前,合肥在26个省会城市中经济发展水平排在倒数。2000年,作为安徽省会的合肥,人均GDP还低于全国平均水平。2006年以前,在中国的26个省会城市中,合肥的经济总量长期在18名以下徘徊。2006年,合肥的GDP只有1 000亿元出头,2017年则达到了7 200多亿元,10年增长6倍,接连超过9个省会城市,进入了全国省会城市十强。2020年,合肥市GDP突破万亿元,是2000年的30倍。

(一)引入京东方

2008年对于京东方来说是大起大落的一年,在刚刚过去的2007年,京东方结束了连续两年的亏损,净利润达到了 7 亿元,计划在 2008 年大干一场。2008 年初,京东方也确实实现了抱负,仅仅上半年就实现了上年全年的盈利,但是下半年金融危机导致全球薄膜晶体管(TFT)市场陷入衰退期,最终京东方全年亏损了 8 亿元。虽然市场条件并不算好,但是京东方也已经在开始谋划建设中国的液晶面板高世代线——6 代线,以应对不断扩大的液晶电视市场。建设一条 6 代线至少需要 175 亿元的资金,但是已经连续亏损的京东方拿不出这么多钱,所以找到一个地方企业合作是最好的方法。一开始,京东方的目标城市是深圳。就在京东方在考虑最终的定址时,又有一个城市递来了橄榄枝,这就是合肥。当时合肥已经是国内三大家电制造基地之一了,时任合肥市委书记孙金龙认为中国家电行业的发展离不开液晶显示面板,所以合肥也正在找一个产业突破的机会。

合肥市政府承诺,无论深圳给出京东方提供什么条件,合肥也都会跟着提供,合肥愿意为这个项目提供超过 100 亿元的资金。2008 年 3 月,京东方董事长王东升致电合肥市政府,邀请合肥市政府赴京东方考察。3 月 28 日,孙金龙书记率队亲临京东方考察,在此次考察中,双方提出了意向书,进入了实质性的谈判阶段。不过,好事多磨,正在京东方要和合肥市政府开始谈判的时候,夏普公司找到了合肥市政府请求合作。这是夏普的一贯作风,每当京东方准备在一个地方建设产线时,夏普就会找过去,向当地政府宣扬京东方没技术,等到夏普和当地政府签约后,夏普便找理由毁约,最后项目就黄了。早在 2004 年,深圳市政府找来 TCL、创维、长虹、康佳四家彩电企业,成立了一个"聚龙计划",计划在深圳建立液晶面板生产线,为彩电企业供应液晶显示屏,京东方有意参与。但是夏普也在这时到深圳求合作,最终搅黄了"聚龙计划"。这一次,夏普又拿出了同样的策略,合肥市政府内部就出现了两种不同的声音:一种认为已经和京东方开始谈判了,应当继续和京东方合作,另一种则认为夏普的技术更好,实力也更雄厚,应该改和夏普合作。

合肥市政府、京东方代表和夏普代表进行了共同协商。当时京东方的谈判代表是刘晓东,此人和夏普打交道多年,深知夏普的伎俩,在谈判开始时就把双方的情况都公开了,直接问对方厂房建设计划、产线设计情况、产能怎么安排,同时也陈述了京东方的计划。夏普本来就是为了搅局,没有做过多的准备,被京东方打得毫无还手之力。京东方的表现彻底征服了合肥市政府,最终合肥市政府坚定了和京东方合作的信心。按照京东方的方案,第 6 代薄膜晶体管液晶显示器件项目每月可生产玻璃基板投片 9 万片,主要用于 37 英寸及以下电视、电脑等的显示器生产,项目总投资 175 亿元,初步选址在合肥新站开发区,总体规模 1 000 亩,一期用地 520 亩,在 2009 年 10 月开始投产,达产后年销售收入超 120 亿元。原计划京东方定向增发筹资 60 亿元,60 亿元通过银行贷款,最后的钱由合肥市政府拿出,但由于金融风暴的袭击,京东方最终仅通过增发募集到 20 亿元。

2008年8月17日,王东升在去合肥的路上给孙金龙发了一条短信,询问项目合作的最终意愿。第二天,孙金龙和时任合肥市长吴存荣一起接见了王东升,表示将再次开会决议。9月11日,京东方兵分两路,总裁与董事长奔赴深圳,副总裁留守合肥等待合肥市委扩大会议的最终结果,一旦合肥不能确认就开始与深圳进行谈判。最终,合肥市政府决定,就算是砸锅卖铁也要做成这件事。当晚,王东升登上了去往合肥的航班。9月12日早上,整夜未眠的王东升出现在签约仪式现场,最终京东方落户合肥。

这次合作,合肥市政府也确实是砸锅卖铁来促成的。据统计,这次合作实际支出的资金在150亿元以上,当年合肥市的财政收入仅为300亿元,这一个项目就占用了财政收入的一半以上。为了这个项目的顺利推行,合肥市政府甚至还暂停了地铁业务。合肥市政府除了为京东方直接提供资金支持,还在土地价格、能源供应、贷款贴息等方面给予了政策性支持。但这个项目给合肥带来的好处也是显而易见的,在落户合肥两年后,京东方的6代线就成功投产了,这也结束了我国大尺寸液晶面板全部依赖进口的局面。之后京东方8.5代液晶面板生产线、全球最高世代线10.5代线、维信诺全柔AMOLED 6代线继续落户合肥。

由于京东方落户合肥,京东方面板产业链上的其他企业也都选择了落户合肥,基板玻璃、偏光片、模组等企业都跑来配套集聚,形成了全产业链,这给合肥带来了更多的投资和工作岗位,合肥也成了国内的液晶面板之都。

京东方扎根,犹如推倒了一副多米诺骨牌,引发了巨大的连锁效应,彩虹、康宁、三利谱、住友化学、法国液空等一批具有国际影响力的新型显示产业龙头企业随后纷纷入驻。

目前,合肥新型显示产业已经汇聚了京东方、彩虹、乐凯、康宁、三利谱、力晶科技、住友化学、法国液空等一批具有国际影响力的龙头企业,已建成三条TFT-LCD高世代液晶面板生产线(一条6代线、一条8.5代线、一条10.5代线)、一条硅基OLED显示器件生产线,一条6代AMOLED全柔面板线。全市已进驻新型显示产业链企业超100家,累计投资项目超过120个,已完成投资超1 550亿元,目前在建、在谈及谋划项目112个,总投资超4 000亿元。

(二)"押注"存储芯片

在成功拿下京东方后,合肥又将目光盯上了半导体产业,相比于京东方,这一战更为艰难,京东方当时已经掌握了面板生产的核心技术,只是缺少土地和启动资金,而国内的半导体产业可谓是一穷二白,人才和技术都没有。但尽管需要面对这样的情况,合肥市政府还是毅然决然地出手了。

动态随机存取存储器（DRAM）是半导体行业中体量最大的一块，无论是手机、电脑还是服务器都需要 DRAM 作为数据传输的通道，但如此重要的一款产品中国却只能依靠进口，一旦 DRAM 被国外政府禁止出售，将会对国内的电子产业造成重大的打击。DRAM 的主要厂商是美、韩公司，其中三星一家就占据了 45% 的市场占有率，海力士占据了 29% 的市场占有率，美光占有 21% 的市场，余下的市场被中国台湾的南亚和华邦瓜分。

中芯国际曾计划和英飞凌合作建立 DRAM 生产线，但在 2010 年 1 月，中芯国际被迫全面停止 DRAM 项目的研究与生产，之后，中国大陆就没有任何技术和经验的积累了。在这种情况下，时任合肥市委书记宋国权决定要在半导体行业打出一片天地，将合肥打造成中国的 IC 之都。2017 年，合肥市政府找上了兆易创新。兆易创新成立于 2005 年，最初以 Nor Flash 闪存切入市场，2011 年设立微型控制单元（MCU）事业部涉足 MCU 产业，是国内闪存芯片行业的龙头。当时，合肥市政府表示要和兆易创新一起上一条 DRAM 生产线，还要一起出钱买专利，但是，兆易创新却并不相信合肥市政府。兆易创新认为，建设一条生产线一年至少需要 100 亿元，研发 DRAM 的过程更是相当烧钱，合肥市政府未必会出钱帮助他们搞研发。

面对兆易创新的质疑，合肥市政府向兆易创新讲了他们与京东方的合作情况，并表示，他们当初愿意付出巨大的代价拉起京东方，现在也愿意花钱花力来打造中国的 DRAM 产业。就这样，兆易创新决定和合肥市政府尝试在半导体领域开启合作，随后双方就成立了一家合资公司合肥长鑫，专门从事 DRAM 的生产。根据协议，合肥市政府出资 75%，兆易创新出资 25%，成立后，这家公司仍然由兆易创新来经营。合肥市政府的意思是：合肥市政府出大部分的钱，兆易创新只用负责余下的钱，并负责这个项目的运营和推进，如果项目成功，合肥市政府的股权就出售给兆易创新。项目不成功的话，兆易创新也不会损失太多。

在有了这个保障之后，合肥长鑫就开始了自研 DRAM 的历程。2017 年 3 月，双方开始建设工厂，10 个月后，厂房建设和设备安装完工。2018 年底，合肥长鑫就推出了 8 Gb DDR4 工程样片。2019 年，合肥长鑫从加拿大知识产权商 Wi-LAN Inc. 手中买到了一千多万份与 DRAM 相关的技术文件（约 2.8 TB 数据）以及 16 000 份专利。这些专利都来自奇梦达公司，这家公司是在 2006 年 5 月 1 日由英飞凌半导体部门分拆而成的内存公司，在很短的时间内就成为全球第二大的 DRAM 公司、300 mm 工业的领导者和个人电脑及服务器 DRAM 产品市场最大的供应商之一。但这家公司没能够撑过 2008 年金融危机的冲击，在 2009 年 1 月 23 日向法院申请破产保护。2015 年，英飞凌将手中奇梦达的专利以 3 000 万美元（约合人民币 2.1 亿元）卖给了加拿大的 Polaris Innovations Limited，而 Wi-LAN Inc. 正是 Polaris Innovations Limited 的母公司。有了技术专利之后，2019年9月20日的2019世界制造业大会上，合肥长鑫就展示了与世界主流产品同步的8 Gb DDR4。在会上，合肥长鑫还签约了长鑫集成电路制造基地，该基地不但有1 500亿元的存储单体项目，此外还将投资700亿元建设空港集成电路配套产业园和空港国际小镇。其中，空港集成电路配套产业园围绕长鑫存储布局芯片设计、装备、材料、封测和智能终端等上下游产业配套，总投资超200亿元。

正是合肥市政府的"豪赌"，最终让合肥成为全国少数几个芯片自主制造基地之一，让中国大陆DRAM产业实现了从0到1的突破。

（三）接盘蔚来

2019年可能是李斌这个明星创业者最艰难的一年，蔚来缺钱成了行业内人士的共同认知，无论是出售旗下F1车队，还是多次裁员，都反映了蔚来很缺钱的事实。除了蔚来自身遭遇了重大危机，外部环境也并不友好。特斯拉在2019年开始在中国大陆建厂，并且在当年就实现了量产交付。作为新能源汽车行业的龙头老大，特斯拉进入中国大陆对新能源汽车市场造成不小的冲击。一众传统车企也嗅到了即将到来的危险，纷纷开始推出纯电动汽车，广汽、比亚迪、吉利、上汽、北汽等在2019年都有重磅纯电车型推出。

在这种情况下，处境最艰难的莫过于新造车公司了，而花钱大手大脚的蔚来则是最艰难的一个。而蔚来也采取了多种方法来解决这一难题。2019年5月，有消息传出，蔚来将获得亦庄国投100亿元注资，并将设立新的实体"蔚来中国"，但直到10月这项投资也没有进一步的推进，此后，亦庄国投回复媒体关于与蔚来合作时直接表示："没有进展，我们不投了。"10月，有媒体称，蔚来正在和浙江湖州市吴兴区政府洽谈一个50亿元的融资项目，但一天后，吴兴区相关工作人员就表态称："洽谈过，但鉴于评估风险过大，已停止进一步洽谈。"之后，还有媒体报道称广汽集团计划用10亿美元入股蔚来，后来又爆出消息称吉利计划用3亿美元入股蔚来。尽管传闻满天飞，但是却没有一件事是落在地上的，蔚来依然面临着缺钱的困境。不过，让李斌欣慰的是，2019年，蔚来共售出了20 749辆车，上一年开始交付的ES6连续5个月进入豪华中型SUV市场的前十名。虽然蔚来在销量上取得了不错的成绩，但蔚来年亏损在百亿元以上也是不争的事实，无论是亦庄国投还是湖州市吴兴区政府都没有迈出这关键的一步，而广汽、吉利的投资传闻则更像是蹭热度。

就在蔚来最艰难的时候，合肥市政府伸出了援手。可能是蔚来的销量成绩打动了合肥市政府，也可能是蔚来长期和安徽江淮汽车建立的良好关系，2020年2月，合肥和蔚来的合作浮出了水面。2月25日，蔚来汽车宣布与合肥市政府签署了蔚来中国总部落户合肥的框架协议，签约在合肥市江淮蔚来工厂举行。当天，蔚来还启动了EC6的量产项目。协议显示，合肥市政府将通过指定的投资公司并联合市场化投资人对蔚来中国总部项目进行投资，总投资 1 020 亿元。其中，蔚来汽车中国总部项目计划融资超百亿元。在 4 月底，这份协议终于进入了实际的阶段。4 月 29 日，蔚来汽车宣布和合肥市建设投资控股（集团）有限公司、国投招商投资管理有限公司以及安徽省高新技术产业投资有限公司等战略投资者签署关于投资蔚来中国的最终协议，投资者将向蔚来中国投资 70 亿元人民币，同时蔚来中国的总部可以落户合肥经济技术开发区。根据协议，交易完成后，蔚来将持有蔚来中国 75.9% 的控股股份，战略投资者将合计持有 24.1% 的股份。也就是说，合肥市政府愿意出大部分的钱，让蔚来在合肥落户，但同时蔚来又可以占用大部分的股份，公司的控制权还在蔚来。

签约当日，安徽省委书记、省长，合肥市委书记、市长全部到了现场，这一消息还登上了新闻联播。一番操作下来，蔚来这个安徽人的企业兜兜转转又回到了安徽。在蔚来危难之际伸出援手，合肥市政府也展示了自己对于新能源汽车的看好。一个月后，大众的新能源板块也落户合肥。5 月 28 日晚，国内动力电池企业国轩高科宣布，大众向其投资 11 亿欧元，获得 26% 的股份，成为国轩高科第一大股东。次日，江淮汽车集团也发布公告称，大众投资 10 亿欧元购买了其半数股份，并增持江淮大众股份至 75%。

经过这两件事，合肥就拥有了目前国内新造车公司销量王蔚来，同时又拿下了中国销量最好的车企的新能源板块，已经打造出了一个新能源基地的雏形。看到这里，我们不禁为合肥市政府的果断和勇气叫好。从更长的时间维度来看，合肥市政府之所以敢于"豪赌"蔚来，是因为其之前已经进行了两次"豪赌"，并且两次都取得了成功。

二、案例分析

从合肥的高速发展可以看出，合肥市政府充分应用资本运作，出台完备的政府投资基金政策体系，通过政府资本招商引进优势主导产业、战略性新兴产业构建产业基础，通过基金投资吸引产业链上下游企业落户形成产业集群。通过"以投带引"的"国资领投"资本运作新模式，引入和培育了显示屏、半导体、新能源汽车等产业集群，一举进入生产总值"万亿俱乐部"。

（一）构建政府投资基金政策体系

2014 年，合肥出台了"1＋3＋5＋N"产业政策体系，对产业扶持政策作出重大调整，实现了集中使用政策资金、政策资金可持续使用和市场化运作及优化外部环境的目的。该政策明确了四种投入方式，即基金投入、"借转补"投入、财政金融产品投入和事后奖补投入，目的是在企业最需要资金的阶段体现财政资金的支持。

在四种投入方式中,基金投入为主导,占比不低于50%。政府投资引导基金采取"母基金"的运作模式,围绕优势主导产业和战略性新兴产业,重点支持初创期、成长期企业及科技成果转化项目;天使投资基金采取"直投企业"的模式,重点支持科技含量高的种子期、初创期的科技型企业。

2017年5月,合肥增强了政府投资基金在产业政策体系中的主导地位,修订了《合肥市产业投资引导基金管理办法》《合肥市天使投资基金管理办法》,要求市国资委会同市属国资平台公司按照"一个产业配套一个基金"要求,积极打造支持先进制造业等实体经济发展的基金丛林。

(二)投"大项目"夯实产业基础

合肥市建设投资控股(集团)有限公司作为服务城市建设发展的主力军,主要承担城市重大项目建设投融资,招引符合产业定位的战略性新兴产业"大项目",夯实产业基础。合肥建投以市场化方式参与项目投资,利用股权投资、定向增发、基金入股等实施杠杆撬动,形成了投融资"合肥模式":一是直接股权投资项目公司;二是参与企业定向增发,将募集资金全部投入项目建设;三是进行投资托管,对优质项目进行投资,遵循企业发展规律,不过度参与具体经营管理;四是成立产业投资基金,吸引社会资本参与其中,以基金化的管理方式共同投资产业项目。

以蔚来中国项目为例,合肥建投与国投招商、安徽省投、经开区海恒集团等合作,开创了国省市区联动投资、创新合作的典范。同时根据原方案,合肥拟出资50亿元,在首笔30亿元出资到位后,市场信心迅速提振,蔚来汽车得以扭转经营困境。截至2021年,合肥建投确定需向各类产业项目出资约1 100亿元(实际已完成945亿元),带动项目总投资约2 800亿元;项目退出资本金323亿元,实现收益315亿元。

(三)构建全周期投资基金体系

合肥市产业投资控股(集团)有限公司成立于2015年,定位于产业投融资和创新推进。除长鑫存储这种几百亿元投资额的重大产业项目外,合肥产投将目光瞄准符合合肥市产业定位、符合产业招商政策的广大科技型中小企业。在科技型企业的种子期、初创期,合肥产投通过合肥市天使投资基金对企业进行扶持。目前,合肥市级天使基金规模达6.24亿元,累计审批的项目已经超过200个,引入院士、海外归国人士等高层次科技人才逾700名。在企业的成长期,合肥产投利用创业投资引导基金通过阶段参股的模式,累计参股19只子基金,投资项目100余个。

在企业的成熟期,合肥产投通过与合肥市各县(区)、开发区合作,走出一条"基金+基地""投资+招商"的新模式,并先后设立了合肥新站投资基金、安徽省人工智能基金。2020年,合肥产投又发起设立了总规模50亿元的合肥市投资促进基金,配合县(区)、开发区产业招商和项目落地,加速推动产业集聚。

三、案例总结

合肥的崛起是全方位的,不是某一领域、某些产业的局部崛起,是从表面到内核、从硬件到思想的全面崛起。起飞前的"低度"和崛起的"高度",形成了鲜明的对比。合肥进击的背后,不在于运气因素,而是其对自身定位、发展阶段、科教优势、产业理解、机会判断的准确度,以及最终将这种理解判断落地的组织效率。为什么合肥能够迅速崛起?很多人给出的答案是:合肥模式。

传统的招商引资是政府提供最优质的营商环境,低价出让地皮,在企业和金融机构之间帮忙牵线搭桥,让企业购地投资建厂,社会化招商,引进优秀的产业新城运营商,借产业新城运营商的信息和品牌口碑为企业提供落户和风险保障。

那么,什么是合肥模式?

简单来讲,合肥模式是以股权投资、风险投资的思维做产业导入,以投行的方式做产业培育,即成立市场化运作的产业投资基金,服务于战略性产业招商引资。合肥善于运用资本招商,先大手笔投资基金吸引企业落户,后期再将投资所获股份脱手,翻倍获利,继续扩充投资基金,以一笔投资换一个产业。合肥建立了"引导性股权投资+社会化投资+天使投资+投资基金+基金管理"的多元化科技投融资体系,形成了创新资本生成能力。从京东方到兆易创新,再到蔚来汽车,合肥市政府撬动了显示屏产业、半导体产业和新能源汽车产业等,带动了当地的就业,也加速推进着产业升级。有别于过去政府招引项目的传统方式——主要给予土地、税收等政策性支持,合肥引入京东方项目的突破在于:政府在政策性支持之外,还要提供资本支持,即拿出钱来参与项目建设,稳定市场信心,引导社会资金参与。

从产业和区域经济学来看,合肥引入的家电、半导体、芯片、新能源汽车,都符合其城市特点。重点就是找准产业方向,尊重产业规律,通过国有资本引导社会资本和实施资本市场有序退出,国有资本实现保值增值后投向下一个产业,实现良性循环。

合肥模式之所以成功,就是成功运用了"以投带引""资本招商""产业基金"等形式,而其主要的落地点就在于联手头部企业、围绕产业链进行投资。合肥模式围绕地方政府新时期主导产业发展方向,编制实施重点产业精准招商引资目录图谱,将主导产业全链条龙头企业、总部机构、独角兽企业、行业冠军企业和新兴企业进行梳理并形成重点招商名单,运用政府产业资本加强对链主企业的股权投资,加强对链主企业配套企业的股权投资,加强对区域其他相关企业的投资,形成总部或研发机构集聚的产业链群。

合肥资本运作基本路径可概括为：以尊重市场规则和产业发展规律为前提，以资本纽带、股权纽带作为突破口和切入点，政府通过财政资金增资或国企战略重组整合打造国资平台，再推动国资平台探索以"管资本"为主的改革，通过直接投资或组建参与各类投资基金，带动社会资本服务于地方招商引资，形成产业培育合力。

具体来看，一方面，合肥注重强化资本运作，依托合肥产投、合肥兴泰、合肥建投三大国资投资平台作为开展资本招商的"牵引器"和"主力军"，联合中信、招商等头部投资机构共同设立近千亿元的产业基金群，形成"引导性股权投资＋社会化投资＋天使投资＋投资基金＋基金管理"的多元化科技投融资体系，不断增强创新资本生成能力；另一方面，在具体运作机制上，合肥主要通过投资并引入上市公司募投项目推动落地，并围绕投资前期、中期、后期全链条打造"引进团队—国资引领—项目落地—股权退出—循环发展"闭环，推动城市经济发展与项目招引、产业培育共融共生、协同发展。其关于发展的策略的内在逻辑是：在打造完整产业链、营造产业生态圈的战略目标之下，即使个别落地项目暂时出现经营困难，也在为当地创造税收、就业和GDP，在借助各类基金的组合投资后，具体项目的投资风险可以有效分散。并且，如果目标公司经营顺风顺水，合肥未必能够得到青睐，而困境企业往往是投资抄底的时候，可要求全产业或核心业务都过来，招商条件也很好谈。

在这个意义上，合肥市政府实际上是以"股权投资"的思路代替了之前的招商和产业扶持政策（比如各种补贴）。"股权思路"提供了一种可能更市场化也更专业化的方式，来盘活政府资源和提升效率。

术语解析

风险投资（venture capital）

风险投资又被称为创业投资，最早诞生于美国。2005年，在国家发改委、科技部、财政部等10个部委报经国务院批准并联合发布的《创业投资企业管理暂行办法》中，我国首次用政府部门行政规章对风险投资（创业投资）的概念给予明确界定："创业投资，系指向创业企业进行股权投资，以期所投资创业企业发育成熟或相对成熟后主要通过股权转让获得资本增值收益的投资方式。"

创业投资引导基金

创业投资引导基金又称风险投资引导基金。2008年国务院批准发布的《关于创业投资引导基金规范设立与运作的指导意见》对"创业投资引导基金"的概念进行了详细定义："引导基金是由政府设立并按市场化运作的政策性基金，主要通过扶持创业投资企业发展,引导社会资金进入创业投资领域。"这一概念界定包括了三层含义:引导基金是一种政策性基金;引导基金是一种公共财政专项资金;引导基金是一种不以营利为目的的政府资金。引导基金中的"引导"二字高度概括了设立引导基金的宗旨——引导私人资本参与创业投资,推动创新、创业和科技成果转化。

产业投资引导基金

产业投资引导基金是指由政府出资,并吸引有关金融、投资机构和社会资本联合设立,交由专业投资管理机构进行管理,带有扶持特定阶段、行业、区域目标的引导性投资基金。它是国家和地方政府为了引导新兴行业和创新型产业发展而设立的,按照"政府引导、市场运作、防范风险、滚动发展"的原则运行的产业融资平台。

四、思考与分析

(1) 为什么合肥能够在全国诸多城市的竞赛中胜出,除了上面的政府资本运作之外,还有哪些秘诀?

(2) 其他城市能否复制"合肥模式",通过政府引导基金来取得成功?

第六节　华夏杭州和达高科产业园 REIT 发行

导言

从以土地财政、城投债模式为代表的土地财政金融化,到公募化债券,再到通过不动产投资信托基金(REIT)的方式向"股权化"发展,地方政府不断改变原有资本运作思路,探索更高效、更持久、更积极的资本运作方式,逐步摆脱对土地财政的依赖。REIT 是基础设施投融资机制的重大创新,开创了地方政府全新的资本运作模式,有利于进一步释放地方政府风险,解决地方政府专项债等融资渠道的可持续性问题。"十四五"规划纲要明确提出:"推动基础设施领域不动产投资信托基金(REIT)健康发展,有效盘活存量资产,形成存量资产和新增投资的良性循环。"

2020 年 4 月,国家发展改革委、证监会联合发布《关于推进基础设施领域不动产投资信托基金(REITs)试点相关工作的通知》,标志着我国基础设施领域 REIT 试点工作正式启动。2021 年 6 月,基础设施领域 REIT 试点取得突破性进展,首批

9项基础设施领域REIT正式上市。经过一年时间，基础设施领域REIT试点逐步扩容，涉及交通基础设施、生态环保基础设施等多类行业，由京津冀、长江经济带、粤港澳大湾区等重点区域扩展至全国范围，基础资产新增了清洁能源、保障性租赁住房等类别。截至2023年3月3日，上市REIT共有25只，发行总规模达801.18亿元。

下面以全国首单生物医药产业园REIT、浙江省首单产业园REIT——华夏杭州和达高科产业园REIT作为案例，对REIT的运用进行详细介绍和研究。

一、案例简介

2022年11月28日，华夏杭州和达高科REIT作为全国首单生物医药产业园REIT正式获得证监会发行批文，成为全市场第24单获批的基础设施公募REIT。华夏杭州和达高科REIT的原始权益人和底层资产均来自国家级经开区杭州经济技术开发区。华夏杭州和达高科REIT项目不仅能有效盘活存量资产、拓宽企业融资渠道、提升资产运营效率，后期还可通过扩募不断壮大规模，形成可持续、可复制的基础设施资产建设、运营、上市的良性循环。

华夏杭州和达高科REIT首发标的资产为位于杭州经济技术开发区的和达药谷一期和孵化器两个项目。和达药谷一期总建筑面积13.45万平方米，入池部分建筑面积为8.47万平方米，土地使用权面积合计为4.44万平方米，2017年建成投用，重点引入医药研发、生物制药、诊断检测、医疗器械和医学工程等科技创新型企业，平均出租率达到95%。孵化器项目包括两期项目资产，一期2007年投入运营，二期2012年投入运营，总建筑面积12.4万平方米，土地使用权面积合计3.51万平方米。华夏杭州和达高科REIT底层资产的两个项目运营时间均较长，皆处于产业成熟阶段。

截至2022年6月30日，华夏杭州和达高科REIT首发标的资产市场估价为14.24亿元。按照首募12.76亿元（预估）的规模测算，项目2022年11月1日—2022年12月31日预测年化分派率为4.53%，2023年预测年化分派率为4.64%。项目募集资金将主要用于和达药谷五期项目和芯谷项目的建设。

二、案例分析

华夏和达高科是第十个产业园区项目的上市REIT，底层资产优质，能产生持续稳定的现金流，未来发展潜力大。

华夏和达高科REIT的原始权益人是杭州和达高科技发展集团有限公司（简称和达高科）和杭州万海投资管理有限公司（简称万海投资）。前者是浙江省规模最大的产业园区运营商之一，后者则为前者下属持有和达药谷系列园区资产的平台。和达高科作为杭州市钱塘区政府直属国有资产平台，企业性质为国有企业；万海投资为和达高科全资子公司，企业性质也为国有企业。

华夏和达高科REIT 2022年12月9日公布了网下询价结果，该基金全部配售对象拟认购数量总和为200.893亿份，被社保基金、养老金、企业年金基金、保险资金等各路投资者争相追逐。12月27日正式登陆资本市场，上市当日二级市场价格上涨8.94%，周内上涨9.29%。该基金在发行期间投资价值获得广泛认可，在发售阶段累计吸引981.26亿元资金积极追捧，面向公众投资者发售部分"一日售罄"，提前结束募集，成为资本市场的"香饽饽"。而该基金获得投资者热捧，离不开投资者对其投资价值的认可。

根据华夏和达高科REIT招募说明书，该基金投资的基础设施项目为杭州市高科技企业孵化器项目和杭州和达药谷一期项目（表6-2）。

表6-2 标的基础设施项目概况

底层资产	初始持有人	初始持有人原始股权结构	初始实际控制人	可租面积（m²）	已出租面积（m²）	出租率
杭州市高科技企业孵化器	杭州市高科技企业孵化器有限公司	和达高科83.33% 杭州高科技投资有限公司16.67%	杭州钱塘新区管理委员会	117 412.17	105 037.43	89.46%
杭州和达药谷一期	杭州万海投资管理有限公司	和达高科100%	杭州钱塘新区管理委员会	83 899.62	83 478.26	99.5%

（一）基础设施项目初始状态

标的资产一杭州市高科技企业孵化器由杭州市高科技企业孵化器有限公司（简称孵化器公司）持有，标的资产二杭州和达药谷一期由万海投资持有，和达高科分别持有孵化器公司100%股权、万海投资100%股权，两家公司实际控制人均为杭州钱塘新区管理委员会。为配合基础设施基金发行，杭州钱塘新区管理委员会及基金管理人进行了相关资本运作，包括资产重组、新设SPV公司（特殊目的的载体）、股权转让、对价支付、吸收合并SPV公司、专项计划投资、股债结构搭建、股权交割等步骤。

(二)资本运作步骤

1. 资产重组

首先对初始持有人孵化器公司的初始股权进行重组。在股权重组前,孵化器公司的初始股权结构为:和达高科持有83.33%的股权,杭州高科技投资有公司(简称杭州高投)持有16.67%的股权。万海投资下属除标的资产和达药谷一期外,还持有和达药谷二期及三期等其他产业园项目(图6-3)。股权重组的操作即是将杭州高投持有的少数股东权益16.67%转让至和达高科,和达高科将和达药谷一期项目以非货币出资的方式重组至和达药谷一期公司。

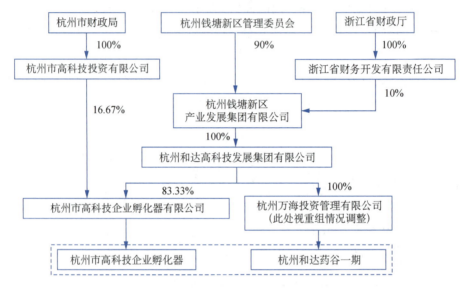

图6-3 基础设施项目初始持有架构

经过资产重组,和达高科直接持有孵化器公司100%股权,并通过万海投资直接持有和达药谷一期公司100%股权。基础设施项目持有架构变为如图6-4所示。

2. 新设SPV公司

和达高科全资设立SPV公司,和达高科持有SPV公司100%的股权(图6-5)。

3. SPV公司股权转让

和达高科与中信证券(代表资产支持专项计划)签署《SPV公司股权转让协议》,专项计划受让和达高科持有的SPV公司100%的股权(图6-6)。

4. 项目公司股权转让

SPV公司与万海投资签署《和达药谷一期公司股权转让协议》,万海投资将和达药谷一期公司100%的股权转予SPV公司。中信证券(代表资产支持专项计划)与和达高

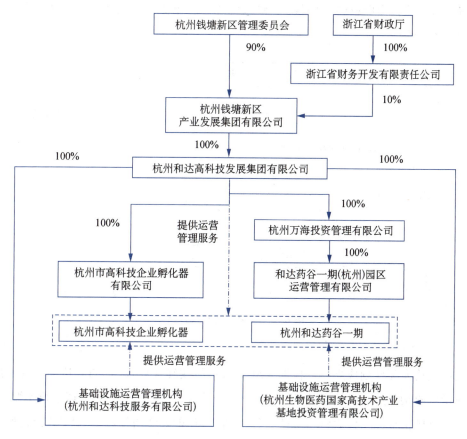

图 6-4 基础设施项目持有架构（完成资产重组后）

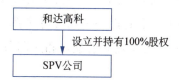

图 6-5 和达高科新设 SPV 公司

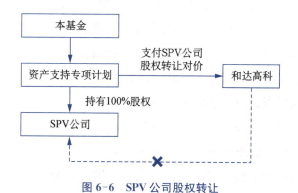

图 6-6 SPV 公司股权转让

科签署《孵化器公司股权转让协议》，和达高科将孵化器公司的100%股权直接转予专项计划（图6-7）。

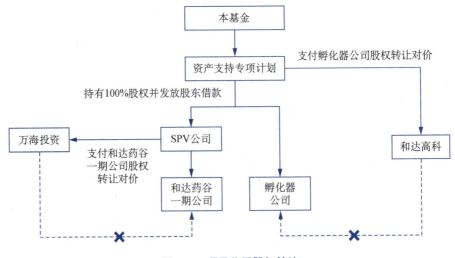

图6-7 项目公司股权转让

5. 专项计划投资

资产支持专项计划成立后，根据《SPV公司股权转让协议》，向和达高科支付股权转让对价，收购和达高科持有的SPV公司100%股权，并且向SPV公司进行实缴出资、增资；根据中信证券（代表资产支持专项计划）与SPV公司签署的《SPV公司股东借款协议》，由专项计划向SPV公司发放股东借款。SPV公司以其由实缴出资、增资及股东借款获得的资金向万海投资支付和达药谷一期公司的股权转让价款，此外，根据中信证券（代表资产支持专项计划）与和达药谷一期公司签署的《和达药谷一期公司借款协议》，由专项计划向和达药谷一期公司发放借款，和达药谷一期公司以取得的借款资金偿还其对外的全部银行借款。

资产支持专项计划成立后，根据《孵化器公司股权转让协议》，向和达高科支付孵化器公司股权转让对价，收购和达高科持有的孵化器公司100%股权，并根据中信证券（代表专项计划）与孵化器公司签署的《孵化器公司借款协议》以及《孵化器公司增资协议》，向孵化器公司增资以及发放股东借款，孵化器公司以取得的增资款及借款资金向外部贷款银行偿还借入方对其的部分银行贷款。

基金及专项计划投资、股债结构如图6-8所示。

6. 和达药谷一期公司对SPV公司进行吸收合并

和达药谷一期公司的股东变更为SPV公司后，和达药谷一期公司吸收合并SPV公司，完成吸收合并后，SPV公司注销，和达药谷一期公司继续存续。SPV公司原有的对资产支持专项计划的债务下沉到项目公司。至此，资产支持专项计划直接持有和达药

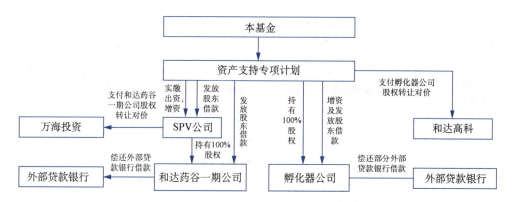

图 6-8 基金及专项计划投资、股债结构搭建示意图

谷一期公司和孵化器公司的股权和债权（图 6-9）。

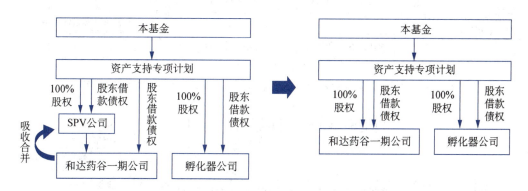

图 6-9 和达药谷一期公司对 SPV 公司进行吸收合并

本基金通过资产支持证券和项目公司等特殊目的载体取得基础设施项目完全所有权或经营权利后、项目公司吸收合并 SPV 公司前，华夏杭州和达高科 REIT 的整体架构如图 6-10 所示。

7. 项目公司股权转让对价支付安排、股权交割、工商变更登记安排等

根据交易安排，和达药谷一期公司吸收合并 SPV 公司完成后，SPV 公司注销，和达药谷一期公司继续存续，项目公司的股东变更为中信证券（代表资产支持专项计划），华夏杭州和达高科 REIT 的整体架构如图 6-11 所示。

最终，项目公司按照约定分阶段完成股权转让对价支付安排、股权交割、工商变更登记、运营特定等安排。

三、案例总结

长期以来，地方政府设立的各类产业园区的融资方式繁多但股权渠道较少、退出机制不畅，公募 REIT 这一全新的融资方式正好解决这些问题。REIT 盘活存量资产的优

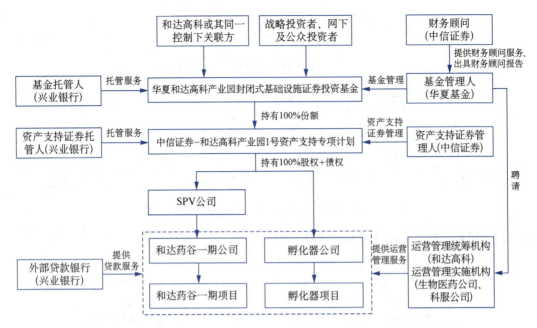

图 6-10　项目公司吸收合并 SPV 公司前华夏杭州和达高科 REIT 整体架构图

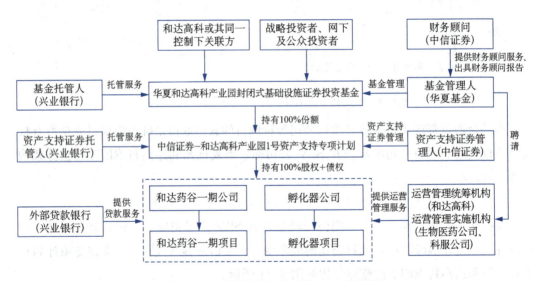

图 6-11　华夏杭州和达高科 REIT 结构图

(资料来源：《华夏杭州和达高科产业园园封闭式基础设施证券投资基金招募说明书（更新）》，http://www.sse.org.cn/disclosure/listed/bulletinDetail/index.html?7a8cb621-4de1-47f0-bf5f-35fbd5239021。)

势正契合产业园区开发周期长、资金需求大的特性，增加社会资本参与园区建设、解决园区运营痛点亦是我国发力建设公募 REIT 的初衷和应有之义。

地方政府设立的各类产业园区 REIT 通过对园区资产进行"轻重分离"促进园区运营主体由"开发建设"为重转向"运营管理"为重，构建可持续发展的园区生态，促进园区开发全生命周期管理，助力中国产业园区资产管理人团队建设。此外，利用公募 REIT 实现整体退出，将园区后期运营交给专业资产管理人团队，一方面有利于提高园区运营水平，提升土地利用效率，促进土地集约利用；另一方面，原来的融资平台通过回收资金优化了资产负债表，降低了资产负债率，又可以再投资新项目建设，对做大、做强园区品牌有一定作用。

 术语解析

不动产投资信托基金（REIT）

REIT 是指在证券交易所公开发行交易，通过证券化方式将具有持续、稳定收益的基础设施资产或权益，转化为流动性较强的、可上市交易的标准化、权益型金融产品，其实质是基础设施项目资产证券化产品的公募上市。

REIT 是地方政府资本运作的新选择，因为 REIT 具有以下三项特点和优势。

（1）拓宽融资渠道，减轻地方财政收支压力。REIT 的推出拓宽了公共投资的融资渠道，盘活了地方政府存量基础设施资产，促进项目建设主体取得再融资，再次投入基础设施建设领域，缓解了地方财政支出压力，有效带动市场对于基建投资的参与热情；基础设施领域 REIT 的推出还对财政收入的增加有积极推动作用。虽然现阶段我国针对基础设施领域 REIT 不同环节出台了一定的税收优惠政策，似乎对其税收贡献有抑制效应，但随着基础设施领域 REIT 的推广，资本市场投资逐步活跃，将推动形成一定规模的产业体系，起到开拓税源和增加税收的良好效果。

（2）推进融资平台转型，利于化解隐性债务。清理规范融资平台及其相关债务是防范化解地方政府隐性债务风险的关键，而如何有效推进融资平台市场化转型是现阶段工作的难点。在设立初期，融资平台因承担地方政府投融资职能，获得项目和贷款的机会较为便利，导致不少融资平台的债务水平超出了自身可承受范围，且部分融资平台长期依靠地方政府，经营水平较低，市场化转型困难重重。在融资平台转型过程中，受到经济形势和基础设施建设的影响，一些地区在严控隐性债务增量的同时会依据形势，适度放宽对于拥有在建基础设施项目的融资平台的管控，对其给予不同程度的信贷支持，此类政策或将减慢融资平台的转型进度。基础设施领域 REIT 作为一种直接融资的权益类金融工具，收益率较为稳定，市场流动性较强，试点项目的底层资产相对成熟，并且按照规定 90% 以上的基金年度可供分配金额分配给了投资者，投资收益有保障。从整体宏观环境来看，基础设施领域 REIT 为解决基础设施建设提供了一条稳定的融资渠道，从而为融资平台提供了一个更为合适的市场化转型环境。从短期看，融资平台借助基础设施领域 REIT 能有效盘活其在建基础设施项目的存量资产,有助于改善融资平台的现金流状况,提高资金流动性,缓解融资平台再融资压力。从长期来看,基础设施领域REIT有助于融资平台市场化转型的高效推进,释放存量资产和获得新的融资渠道,促进融资平台顺利剥离政府融资职能,实现轻资产化运营,降低债务风险,助推融资平台逐步成为市场化程度较高的地方国有企业。

(3)降低宏观杠杆率,减轻地方债务风险。基础设施领域REIT的推出为降低宏观杠杆率、减轻地方债务风险提供了新途径。第一,基础设施领域REIT作为权益类投资,提高了直接投资的比重。在REIT模式下,地方政府让渡基础设施项目受益权,同时获得新的融资注入;基础设施领域REIT获得底层资产的受益权,市场化的投资者通过权益性投资方式,获得分红派息。同时底层资产拥有更专业团队运营实现良好收益,有助于树立市场信心,实现良性循环,从长远上推动基础设施建设资金来源的市场化运作。第二,基础设施领域REIT可解决融资平台高杠杆率困境。基础设施领域REIT的推出改变了过去融资平台主要靠地方政府信用背书加杠杆的融资模式,而是以市场化、权益化的方式募集建设资金。将相关资产以权益类投资形式交由投资专业化程度较高的基础设施领域REIT,有助于促进融资平台降低杠杆率,进而降低地区层面的杠杆率水平。

四、思考与分析

REIT对于地方政府而言有何重要意义?

第七章

资本运作实战复盘之国际篇

第一节 风险投资
——红杉资本的看家本领

导言

风险投资（VC）也称创业投资。美国风险投资协会（NVCA）将风险投资定义为：对新型的、有巨大竞争力的企业的一种权益性投资。经合组织科技政策委员会在1996年的《风险投资与创新》的研究报告中定义如下：风险投资是一种向极具发展潜力的新兴企业或者中小企业提供股权资本的投资行为。其特点是：投资周期长，一般为3—7年；除资金投入外，投资者还向投资对象提供企业管理等方面的咨询和帮助；投资者通过投资结束时的股权转让活动获得投资回报。风险投资的投资方可以是个人、专业金融机构或公司。

1946年，风险投资开始在美国出现，到今天已经成为推动经济发展的重要因素。根据哈佛大学乔希·勒纳（Joshu Lerner）教授的研究，风险投资对于技术创新的贡献是常规经济政策的3倍。根据美国风险投资协会的研究，风险投资资本总量只占社会总投资1%不到的比例，但是接受过风险投资至今仍存活的企业，经济产出占国民生产总值的比例高达11%。

中小企业在创业过程中存在高风险，风险投资机构通过提供企业在不同阶段所需要的资源和服务，帮助企业顺利渡过难关并退出得到投资回报（图7-1、图7-2）。

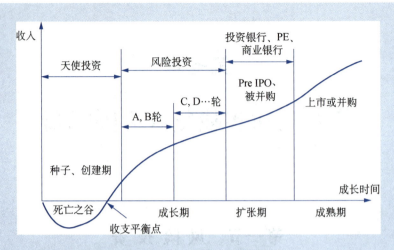

图 7-1 企业的发展过程示意图

（资料来源：张陆洋、崔升、肖建：《创业——组合投资理论与实务》，复旦大学出版社，2010。）

图 7-2 美国风险投资在企业不同阶段的投资金额和次数

（资料来源：NVCA 2003 年年报。）

一、案例简介

谈到风险投资就要说到红杉资本。红杉资本最知名的投资理念是：From idea to IPO and beyond（从只有一个想法到公司上市以及之后的所有发展阶段）；Help the daring build legendary companies（帮助勇者建立传奇企业）。

这里列举红杉资本的两个风险投资案例进行阐述。

案例一

　　Airbnb 是一家成立于 2008 年的旅行房屋租赁网站，总部在美国加州旧金山。作为一家服务型网站，Airbnb 能够对接旅游人士和家有空房出租的房主，用户可以通过网络和手机应用程序搜索房屋租赁信息并在线预订。Airbnb 的两位创始人 Brian Chesky 与 Joe Gebbia 都是设计师，创业的起因是随着旧金山的房租越来越贵，他们希望把自己的阁楼通过 Craigslist 的平台租出去获利。但是，Craigslist 的页面实在满足不了设计师的审美要求，于是他们自己建立了一个网站 Airbnb.com 来出租。后来，他们拿到了红杉资本第一笔 60 万美元的天使投资。

　　在 Airbnb 此后的发展历程中，红杉资本都起到了关键的作用，其服务包括高管和核心人员的招聘、战略的制定、全球化的扩张等。在 Airbnb 的 A 轮融资中，红杉资本联合 Crunch Fund 以及阿什顿·库彻（Ashton Kutcher）、Greylock、SV 天使基金以及 Youniversity 等风险投资人和机构总共为 Airbnb 融资 780 万美元。在后续的融资中，投资方红杉资本也发挥了关键的作用。

　　新冠疫情暴发后，Airbnb 一度面临极大的生存危机，在线订单减少了 80%。红杉资本积极协助 Airbnb 进行 IPO 上市。2020 年 12 月 10 日，Airbnb 在纳斯达克上市，股票代码 ABNB。其股价首日最高达到了 144.71 美元/股，涨幅高达 112%，市值超过 860 亿美元（图 7-3）。通过多轮稀释，IPO 之后红杉资本的持股比例仍然保持在 14.89%，维持第一大股东的地位。从投资回报来看，红杉资本累计投入 2.6 亿美元，而目前价值接近 128 亿美元，回报达到 48 倍。红杉资本对 Airbnb 的早期投资是全球风险投资史上最成功的交易之一。

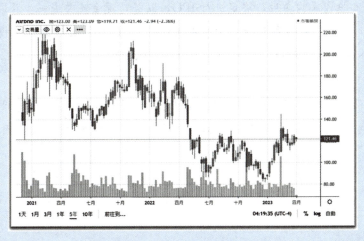

图 7-3　Airbnb 上市后的股价走势

（资料来源：第一证券。）

案例二

2012年，斯坦福大学的4名学生正在向一家甜品店的店长Chloe推销自己开发的企业服务软件。因为人手不足，此时Chloe正急于出门，给十几千米外的客人送外卖。被缠得不耐烦的Chole扔出一沓单据说："你们能帮我解决了这个问题，我就购买你们的软件。"加州居民居住非常分散，需要店家自己去送外卖，路上非常费时费油。几个年轻人听后眼睛一亮，感觉发现了一条好的创业路子。2013年，Tony Xu、Andy Fang、Stanley Tang三位创始人正式上线了DoorDash。DoorDash是一个互联网平台，对客户提供外卖服务。

在DoorDash的成长过程中，2014年5月获得了1 730万美元的A轮风险投资，投资方主要为红杉资本、Charles River资本、Khosla资本、Pejman Mar资本以及Ted Zagat。此轮融资后，红杉资本合伙人Alfred Lin加入DoorDash董事会。2015年3月，DoorDash获得3 500万美元B轮融资，由KPCB领投，John Doerr成为DoorDash董事会成员。2016年3月，DoorDash首席执行官Tony Xu在官方博客中表示，本轮融资由公司早期投资人红杉资本牵头，凯鹏华盈、Khosla Ventures等跟投，DoorDash总共获得了1.27亿美元的投资，其中红杉资本投入4 000万美元。2019年，DoorDash获得了5.35亿美元的巨额融资，投资方包括软银、红杉资本、GIC和Wellcome Trust。

按照2020年10月的总销售额计算，DoorDash的市场占有率超过了成立于2011年的美国"外卖鼻祖"Grubhub以及行业内其他头部选手如Uber Eats、Postmates等，累计占据50%的市场份额。新冠疫情暴发后，DoorDash的业务急剧增加，经过和投资人沟通后，决定进行IPO，以补充现金流并进一步获取市场份额。

从2014年的A轮融资开始，红杉资本就是DoorDash最早的机构投资人之一，直到IPO阶段仍继续加码。上市前，红杉是DoorDash的第二大股东，持股比例达18.2%。

DoorDash在2020年12月9日上市首日开盘大涨78%，股价一度飙升近100%，截至收盘，涨幅为85.7%，公司市值达684亿美元，是其6个月前私募融资时估值的4倍多（图7-4）。

图 7-4 Doordash 上市后的股价走势

(资料来源：第一证券。)

二、案例分析

(一) 风险投资的资源和服务

风险投资能够提供的资源和服务主要包括以下几个方面。

(1) 提供企业需要的现金流。企业创业阶段在技术、市场还不完善的情况下，最需要的就是现金，以此支撑企业渡过艰难阶段。

(2) 协助企业招聘核心团队，如技术、财务、人事、运营等。一个成熟的企业需要各个部门都有专业的人才来支撑其发展。

(3) 协助企业做好内部管理，如战略规划、研发、市场营销等。

(4) 优化公司股权结构。公司的发展需要合理的股权结构并留住核心人才。

(5) 优化财务结构，做好财务管理，帮助企业融资。

(6) 帮助企业获取外部资源，如核心供应商和客户。核心供应商能降低企业的成本，核心客户能为企业带来收入。

(7) 提供法律、政策、国际化等其他咨询服务。协助创业企业把握法律、政策等方面的风险至关重要。

(二) 风险投资和证券投资的区别

风险投资和证券投资的区别主要包括以下几个方面。

（1）投资对象的区别。风险投资适合的对象是具有成长性、急需资金来不断完善产品、扩张市场的企业，能够满足企业不断发展壮大的需要。证券投资适合的对象是成熟的企业，具体而言是这些企业的资产进行资本和货币化形成的有价证券。

（2）风险的区别。风险投资的风险主要来源于企业在不同阶段面临的各种不确定性，如产品、技术、管理、市场、产业、生产风险等。证券投资的风险主要来源于资本市场的价格波动，最重要的是资本市场的非系统性风险，源于企业证券供需双方的均衡关系。

（3）收益机制的区别。风险投资的收益来源于被投资机构股权转让后所得的收益，该收益主要源于风险企业的"价值发现"，包括技术和商业模式上的优越性带来的高价值，主要通过IPO、并购、股权转让等方式实现。证券投资的收益主要是股价的差价收益，主要是资本市场价格发现的收益。

（4）投资周期的区别。风险投资周期一般为中长期，通常3—8年。证券投资周期一般为短期，T+0居多。

（5）流动性区别。风险投资流动性很差，需要给企业足够的时间来完成技术成果转化，资本的退出一般要等到IPO或者股权转让后完成。证券投资流动性高，股票所有者一般当天就可以卖给其他投资方。

（6）收益率区别。风险投资通过发现企业的价值来实现爆发性增长，被投资企业往往满足高成长性、高技术性、高市场需求等一个或者多个要素。风险投资从远景上可以帮助投资人实现财富的巨大增长，因此理论上可以容忍资本的流动性低和风险高等不利因素。证券投资通过利用证券化的资产价格波动来实现收益，收益大小取决于市场的供求关系和整体市场环境，收益率相对风险投资较低。

（7）风险管理的区别。创业企业在整个过程中会经历各种风险，风险投资主要针对各种风险进行管理和控制。如果没有高效的风险管理和控制能力，企业是不可能获得高回报的。另外，风险投资需要对企业提供各种额外的增值服务来解决企业在发展中遇到的各种问题，这种增值服务能力往往决定了被投资企业回报的高低。证券投资主要基于对企业各种财务数据的分析和识别，借助于资产负债表、现金流量表等，通过财务数据来决定企业的投资价值，一般不会参与企业的管理，很少对企业提供增值服务。

三、案例总结

美国社会有着活跃的风险投资机构和巨大的风险资本，截至2021年，有超过3 454亿美元投资于18 521家企业（图7-5）。

图 7-5　美国风险投资交易次数

（资料来源：NVCA 2023 年年报。）

风险投资的收益者不仅仅是投资者，它对就业也起到了巨大的帮助作用。根据美国风险投资协会的数据，1990—2020 年，由被投资企业所产生的就业岗位增加了 960%，而同期私人企业增加的就业岗位只有 40%。风险投资所投资的企业所产生的就业年平均增长率为 8.2%，而私人企业就业年平均增长率只有 1.1%。由此可见风险投资对就业的带动作用是巨大的。

风险投资对研发的作用也非常大。根据美国风险投资协会的数据，1975—2015 年，风险投资企业的研发支出占总支出的 82%，而非风险投资企业的研发支出只有 18%。这些研发支出对诸如人工智能、生命科学、大数据、清洁技术、智能制造、网络安全、太空技术、机器人与无人机等产业的发展发挥了巨大作用（图 7-6）。

图 7-6　美国风险投资对主要新兴产业的投资金额　　图 7-7　风投机构对被投资企业的增值服务

（资料来源：NVCA 2023 年年报。）　　　　　　　　（资料来源：NVCA 2023 年年报。）

风险投资的增值服务在美国起到了非常关键的作用。根据美国风险投资协会的数据，58% 的风险投资者参与了董事会管理，提供个人指导的有 46%，提供市场建议的有 69%，提供战略指导的有 87%，提供运营指导的有 65%（图 7-7）。风险投资者丰富的经验在很大程度上帮助创业者（很多是初创者，如 Airbnb、Doordash）不断提高经营能力。

 术语解析

风险投资（venture capital, VC）

风险投资又称"创业投资"，指风险投资家、技术专家向特别具有潜能的高新技术企业投资，旨在促使高新技术成果尽快商品化、产业化，以取得高资本收益的过程。风险投资是初创企业的重要融资来源，其投资对象主要是具有高风险和潜在高收益的小企业、新兴企业以及转型企业。

美国风险投资协会（National Venture Capital Association, NVCA）

美国风险投资协会（NVCA）是美国最大的风险投资协会，其会员均为风险投资公司。

IPO

IPO 是英文 initial public offering 的首字母缩略语，意为"首次公开募股"（又称"首次公开发行"），指公司通过证券机构第一次公开向投资者发行股票以募集资金的过程。一旦 IPO 完成，公司就可以申请到证券交易所或报价系统挂牌交易。

纳斯达克

美国的一个电子证券交易机构。"纳斯达克"的英文为 NASDAQ，是 National Association of Securities Dealers Automated Quotations（美国全国证券交易商协会自动报价系统）的首字母缩略语。

四、思考与分析

（1）风险投资从业人员需要怎样的能力？
（2）如何挑选投资标的？
（3）初创企业如何吸引风险投资的注意？

第二节　雷诺兹-纳贝斯科食品烟草公司收购案

导言

说到杠杆收购，就不能不提及 20 世纪 80 年代的一桩杠杆收购案——美国雷诺兹-纳贝斯科公司（RJR Nabisco）收购案。这笔被称为"世纪大收购"的交易以 1 500 万美元对 250 亿美元的收购杠杆震惊世界，成为历史上规模最大的一笔杠杆收购，后来的各桩收购交易皆望尘莫及。

雷诺兹-纳贝斯科公司收购案主要在雷诺兹-纳贝斯科公司的高级管理人员和著名的收购公司 KKR（Kohlberg Kravis Roberts & Co.）之间展开。由于其规模巨大，摩根士丹利、第一波士顿等全球著名投行及金融机构都直接或间接参与其中。收购案的发起方是以罗斯·约翰逊为首的雷诺兹-纳贝斯科公司高管层。他们认为公司当时的股价被严重低估，于是 1988 年 10 月，管理层向董事局提出管理层收购公司股权建议，收购价为每股 75 美元，总计 170 亿美元。虽然约翰逊的出价高于当时公司股票 53 美元/股的市值，但公司股东对此却并不满意。不久，由于发现潜在的巨大收购利益，华尔街的"收购之王"KKR 公司也加入这次收购争夺战，经过 6 个星期的激烈博弈，最后 KKR 胜出，收购作价每股 109 美元，总金额 250 亿美元。然而，在本次收购案中，KKR 本身动用的资金仅 1 500 万美元，而其余 99.94% 的资金都是靠迈克尔·米尔肯发行垃圾债券筹得。

一、案例简介

（一）收购各方背景

1. 雷诺兹-纳贝斯科公司

雷诺兹-纳贝斯科公司是由美国老牌食品生产商标准品牌公司、纳贝斯科公司与美国两大烟草商之一的雷诺兹公司合并而成，因此其业务也包括食品与烟草两大类。雷诺兹-纳贝斯科公司是当时美国仅次于菲利普·莫里斯公司的烟草生产巨头，也是美国排名第十九的工业公司，雇员 14 万，拥有诸多名牌产品，包括奥利奥、乐芝饼干、温斯顿和塞勒姆香烟、Life Savers 糖果，产品遍及美国每一个零售商店，每年产生的现金利润达到 10 亿美元之多。

在罗斯·约翰逊任期两年多时间里，雷诺兹-纳贝斯科公司利润增长了 50%，销售业绩良好。但是随着1987年10月19日股票市场的崩盘，公司股票价格从顶点70美元直线下跌。尽管公司曾大量回购自己的股票，但是股价不但没有上涨，反而跌到了40美元。12月，公司的利润虽然增长了25％，食品类的股票也都在上涨，但是雷诺兹-纳贝斯科公司的股票价格仍然持续低迷。

2. 雷诺兹-纳贝斯科公司管理层

以罗斯·约翰逊为首的雷诺兹-纳贝斯科公司高管层是这次收购事件的发起者，这个管理团队包括雷诺兹烟草公司的领导。

罗斯·约翰逊在经营管理上没有太多能耐，40岁的时候在美国企业界还默默无闻。在一家猎头公司的帮助下，他成了标准品牌公司的总裁。1984年罗斯·约翰逊出任纳贝斯科公司CEO，1985年完成雷诺兹-纳贝斯科公司的合并，1986年成为雷诺兹-纳贝斯科公司的CEO。约翰逊敢于创新，在他的领导下，雷诺兹烟草公司在一年内就生产了10亿美元产值的产品。但是，在控制了雷诺兹-纳贝斯科公司的董事会后，约翰逊彻底改变了这家企业。这家公司虽然现金充足，但是文化上相对保守、封闭，企业管理者早已没有了创始人的创造性和进取心，决策上也是谨小慎微，鲜有突破。约翰逊的到来并没有给其经营管理带来多少创新，他最大的爱好就是大把花钱。如果仅仅停留在奢华无度的消费上，约翰逊也不会被人注意。他有更宏伟的计划，那就是通过管理层参与收购，将雷诺兹-纳贝斯科公司变成一家由他实际控制的私人企业。

3. 科尔伯格-克拉维斯-罗伯茨公司（KKR）

KKR在1976年由科尔伯格、克拉维斯和罗伯茨三个合伙人创立。KKR是杠杆并购的鼻祖，是美国最早也是最著名的专业从事LBO的公司。LBO模式由科尔伯格首创，在创立KKR公司前，科尔伯格是贝尔斯登投资银行的主管。20世纪60年代，细心的科尔伯格发现很多家族企业希望转让企业，但是又想保留企业的经营权，于是设计了杠杆收购模式：把企业大部分股权出售给一个投资机构，由投资机构控制该企业，但是由家族继续经营该公司。

KKR主要作为财务投资者，从财务角度上分析企业，研究企业产生现金流的能力，同时对企业承受债务的能力进行分析，最后确认企业的偿债能力。在LBO交易完成后，由管理层来决定企业的经营管理。KKR只参与企业的董事局会议，讨论经营结果，并不介入企业的管理。

投资机构的收购资金来自债券，收购后企业需要用现金流来偿还投资机构的债务。企业经营者压力比较大，需要尽快改善业绩，偿还股东债务。1965年，科尔伯格实际出资50万美元，借债950万美元，收购斯特恩金属的大部分股权。4年后，投资机构通过KKR公司的现金收益还清债务，还获利350万美元。

1970年底，科尔伯格说服克拉维斯和罗伯茨加入成立KKR，使得KKR进入了快速发展期，在这期间，KKR 完成了若干成功的 LBO 交易，得到了一些投资者和保险公司的信任。KKR 又说服了一些商业银行提供 LBO 中的一些债务资本，一起参与了 LBO 并购。

随着人们对杠杆收购的进一步认识，杠杆收购公司逐渐增多，到 1987 年出现了行业拥挤现象。克拉维斯和罗伯茨做出果断的决定——把业务目标锁定在 50 亿～100 亿美元的大宗收购业务上，因为这样大的生意很少有人染指，而 KKR 公司早就有了像用 62 亿美元收购 Beatrice、44 亿美元收购 Safeway，以及 21 亿美元收购欧文斯-伊利诺伊这样的大宗收购经验。

从 1987 年 6 月开始，KKR 运用一切公开的方法募集资金。为了刺激更多的投资者加盟，公司提出了所有在 1990 年之前完成的交易的管理费都可以减免。到募集结束时，募集到的资金已经有 56 亿美元。在世界约 200 亿美元的杠杆收购交易中，KKR 就占了四分之一。

(二) 收购过程

1988 年 10 月，以雷诺兹-纳贝斯科公司 CEO 罗斯·约翰逊为代表的管理层发现雷诺兹-纳贝斯科的价值被市场严重低估，便萌生将其攫为己有的心理，于是联合希尔森、所罗门兄弟、美国运通等向董事局提出管理层收购计划。该计划包括：以高于当时股价 71 美元的价格 75 美元收购雷诺兹-纳贝斯科公司股权，交易总价 176 亿美元，主要以商业银行贷款支付。在收购完成后计划出售雷诺兹-纳贝斯科公司的食品业务，而只保留其烟草经营。其理由是市场对烟草业巨大现金流形成了巨大的低估，同时食品业务的价值因与烟草混合经营也没有得到完全的认同，重组将消除市场低估的不利因素，进而获取巨额收益。但雷诺兹-纳贝斯科的股东对管理层提出的收购方案却迟迟没有表决。

华尔街上的投资银行家们对该酝酿中的收购案立刻做出了反应：他们认为这一出价太便宜了，约翰逊简直是在抢劫公司。于是，当约翰逊与希尔森公司打着如意算盘的时候，KKR 加入了并购争夺战。与约翰逊所计划的分拆形成鲜明对照的是，KKR 的方案提出收购后将保留所有烟草生意及大部分食品业务，而且 KKR 报了每股 90 美元的高价。于是，管理层收购的合作公司希尔森与 KKR 展开了激烈的对峙。

希尔森选择与所罗门兄弟公司等合作来筹措资金，但是无论在智谋上，还是融资上，希尔森都无法与 KKR 对抗。KKR 有德崇和美林做顾问，并购买 PIK 优先股，价格达到每股 11 美元，总额接近 25 亿美元，这意味着与 KKR 合作马上便有 25 亿美元的资金支持。

同时，管理层提出的约翰逊管理协议和"金降落伞计划"更是激怒了雷诺兹-纳贝斯科公司的股东和员工。约翰逊管理协议和"金降落伞计划"规定了管理层将获得价值近 5 000 万美元的 52.56 万份限制性股票，这使约翰逊在这次收购中不管成败如何都收益丰厚。约翰逊还给予了财务顾问公司丰厚报酬。约翰逊这种贪婪的做法及毫不在乎公司利益的行为使管理层收购方案彻底失去了公司民意支持。最后，KKR 以每股 109 美元、总金额 250 亿美元的天价，赢得了这场争夺战的胜利。

实际上，在最后一轮竞标中希尔森的报价和 KKR 仅相差 1 美元，为每股 108 美元。雷诺兹-纳贝斯科公司股东最终选择了 KKR，因为相比约翰逊与希尔森公司，KKR 公司显得十分慷慨和负责任：KKR 保证给股东 25％的股份，希尔森只给股东 15％的股份；KKR 承诺只卖出纳贝斯科一小部分的业务，希尔森却要卖掉所有业务；等等。另外，希尔森没能通过重组证实它的证券价格回归价值的可靠性，在员工福利的保障方面做得也不到位。

KKR 收购方案规定收购价格为 250 亿美元，包括 20 亿美元的 KKR 自有资金，145 亿美元的银团贷款，德崇与美林提供的 50 亿美元过桥贷款、41 亿美元优先股融资、18 亿美元可转债券。同时 KKR 还接收了雷诺兹-纳贝斯科公司所欠的 48 亿美元外债。

事实上，整笔交易的费用达 320 亿美元，其中以垃圾债券支持杠杆收购出了名的德崇公司收费 2 亿多美元，美林公司收费 1 亿多美元，银团的融资费为 3 亿多美元，而 KKR 本身的各项费用达 10 亿美元。

（三）收购后果

收购完成后，KKR 以极小的代价取得了 95.7％的雷诺兹-纳贝斯科股份，处于绝对控股地位，管理层持有 2.6％，美林证券持有 1.7％。收购交易结构如图 7-8 所示。

图 7-8　KKR 收购雷诺兹-纳贝斯科交易结构图

继罗斯·约翰逊之后，路易斯·格斯特纳成为雷诺兹-纳贝斯科公司收购后新一任的首席执行官，他对原来的公司进行了大刀阔斧的改革，大量出售公司豪华设施。公司报告显示，1989 年公司在偿付了 33.4 亿美元的债务之后净损失 11.5 亿美元，在 1990 年的上半年有 3.3 亿美元的亏损。但是，从公司的现金流来看，一切还算正常。

纳贝斯科的营业利润在 1989 年达到了以前的 3.5 倍，但是雷诺兹烟草公司仍处于备战状态。1989 年 3 月，雷诺兹停止了总理牌香烟的生产，随后，公司进行了裁员，雇工人数减少到 2 300 人。在新管理人的领导下，公司改进了设备，提高了生产效率，同时又大幅度削减了成本，使得公司烟草利润大幅增加。但是当用烟草带来的现金清偿垃圾债券时，雷诺兹的竞争对手菲利普·莫里斯却降低了烟草价格。为此，雷诺兹的烟草市场在 1989 年萎缩了 7%～8%。

KKR 遗留下来的问题不仅仅是少得可怜的资金回报，还有引进的其他行业领导人的失败。他们既没有半点烟草从业经验，而且对这一行也没有热情。在业绩持续下滑后，1995 年初，KKR 不得不又剥离了雷诺兹-纳贝斯科的剩余股权，雷诺兹烟草公司再次成为一家独立公司，而纳贝斯科也成为一家独立的食品生产企业，雷诺兹公司和纳贝斯科公司又回到了各自的起点。2003 年上半年，雷诺兹的销售额比前一年下降了 18%，仅为 26 亿美元，而营业利润下降了 59%，为 2.75 亿美元。

2005 年，KKR 出售了所有持有的雷诺兹-纳贝斯科股权，收益率让人并不满意。

二、案例分析

MBO 是公司管理层觊觎、窃掠公司控制权的最重要手段之一，通常在公司价值被严重低估，且不存在强有力的控股股东的条件下会存在。当获取公司控制权需要巨额资金支持时，公司管理层实施 MBO 通常会寻求外部机构合作。本并购案就是一个典型的 MBO 案例，为更好实施获取公司控股权计划，以罗斯·约翰逊为首的雷诺兹-纳贝斯科管理层联合希尔森公司合作并购。除此之外，为了防止非合作的恶意并购者的进入，公司往往还会实施毒丸计划，比如说此案例中为了阻止 KKR（KKR 虽然对于大股东来说是一个相对更能满足其利益和诉求的收购主体，但对于公司管理层来说，毫无疑问是个恶意收购者，因为 KKR 发起并购不仅未与他们进行沟通协商，而且是直接针对他们的合作机构希尔森而来），它们提出提升 KKR 并购成本、面向管理层的"金降落伞"股权激励计划。

并购最终以 KKR 取胜而告终。在自身出资极少而并购金额巨大的情况下，为了筹集足够的并购资金，KKR 运用了多种资本运作手段：银团贷款、过桥贷款、发行优先股、发行垃圾债等。为了打败竞争对手希尔森，除支付方式之外，还在股权分配结构、并购后的重组计划、员工福利及证券市场表现等方面设计和展现了更具竞争力的方案与前景。KKR 的各种安排取得了雷诺兹-纳贝斯科大股东及员工的广泛支持，并在股权转让方面获得大股东的全力配合，从而在与雷诺兹-纳贝斯科管理层及希尔森的对峙中获得了最终的胜利。

三、案例总结

发生在投资银行家和企业经理人之间的控制权争夺战,最终受益者常常是企业的股东,雷诺兹-纳贝斯科的股东们在收购完成后的暴富可以证明。

从收购形式上来看,一般的 LBO 过程中,投资银行家都会事先和目标企业的管理层达成共识,以双方都认可的价格和融资方式完成收购,同时对收购以后的企业管理和资产重组也做出安排,尽量降低成本、提高效率,同时出售资产用来还债。但是 KKR 公司在雷诺兹-纳贝斯科的收购活动中事先并不知情,与管理层之间不仅没有沟通,甚至处于一种激烈的对峙之中,因而为此支付了更加高昂的代价。

因此,为了提高并购成功的概率和降低并购成本,并购主体通常应该与公司管理层进行接触、沟通、协商甚至合作。本案例中,由于公司管理层过于贪婪,市场化的沟通无法形成。

 术语解析

> **垃圾债**
>
> 国际三大信用评级机构标准普尔、穆迪、惠誉通常把政府或者企业发行的债券分为以下两个等级。
>
> (1) 投资级 (investment):AAA、AA、A、BBB。
>
> (2) 非投资级 (no investment):BB、B、CCC、CC、C、D。非投资级债券一般又叫作垃圾债券 (junk bond)。
>
> 投资级债券一般信用较高、风险低,可以利用较低的债券收益率去市场上融资。垃圾级债券一般由信用较差、风险高的公司发行,需要用更高的收益率来吸引投资者。
>
> 垃圾债券出现于 20 世纪 30 年代,最初为一些小公司寻求融资机会设立。但是由于信用等级低,垃圾债券交易量很小,在 70 年代初流行量还不到 20 亿美元。在 70 年代后,由于越南战争给美国带来的巨大财政赤字,布雷顿森林体系崩溃,导致美元贬值,中东战争和两伊战争导致原油供应不足,油价飙升,产品价格上涨,消费减少,企业利润下降,经济产出下降。其间美国经历了尼克松、福特、卡特三届政府,但是总统任期都是一届左右,政策在保经济和抑通胀之间摇摆不定,没有稳定的财政与货币政策,导致美国经济在滞胀中越陷越深。另外,日本与德国的重新崛起也对美国的出口形成了巨大的挑战,进一步挤压了美国企业的市场空间,给

美国企业，特别是中小企业的经营造成了巨大的困难。因此，20世纪70年代，很多公司债券都被下调了信用等级成为非投资债券，遭到了投资者的抛售。

垃圾债券也叫高收益债券（high yield bond），高风险对应的就是高收益，表明垃圾债券并不是垃圾，只要能承担高风险，就有高收益。

很多公司在20世纪70年代美国滞胀期间，经营暂时困难，发行的债券被评级机构下调，由投资级变为非投资级。它们自身实力足够，而且美国在二战后完善了监管措施，投资者不会因为一些大企业破产或者拖欠债务受到损失。因此，债券的信用等级越低，违约后投资者得到的回报越高。在这些公司度过经营困难期之后，业绩上升，债券价格将上升，这中间有巨大的利润空间，吸引了很多投机家的进入。最著名的就是迈克尔·米尔肯。

债券的收益率在发行的时候已经固定，但是如果债券可以交易，那么票面价格就可以随着宏观经济和微观企业业绩的变化而波动。初始价格由信用评级确定，企业信用级别越低，在发展的过程中，随着企业经营状况的变化，票面价格波动就越厉害。如果对企业未来把握良好，可以有巨大的套利空间。因此只看信用评级并不能判断票面价格，也要研究企业的未来发展。

与股票不同，债券有确定的到期日与保底收益率，票面价格也不会如股价一样跌无底线，风险相对可控。债券不仅有抵税作用，而且不会如股票在融资的过程中被稀释，也不会失去控制权。

如果有一个巨大的垃圾债券交易市场，可以通过发行垃圾债券收取佣金和交易垃圾债券赚取差价。

20世纪70年代中期—80年代，美国的中小企业需要多渠道进行融资，特别是科技类的小公司，它们在一定时期内没有收入，更别提盈利了。传统的股市和商业银行远远不能满足资金需求，因此需要一个垃圾债券市场满足高风险投资者的套利需求和中小企业的多渠道融资需求。

美国金融管制的松绑，让更多的垃圾债券流向市场，也间接助长了垃圾债券市场的繁荣。

夹层资本（mezzanine capital）

20世纪70年代垃圾债券市场规模为20亿美元，但1988年垃圾债券总市值高达2 000亿美元。一个繁荣的垃圾债券市场创造了新的金融工具——夹层资本与杠杆收购。

夹层资本是收益和风险介于企业债务资本和股权资本之间的资本形态，也是在夹层融资这一融资过程中出现的一个专有名词，本质是长期无担保的债权类风险资本。

当企业进行破产清算时，债务所有者首先得到清偿，其次是夹层资本提供者，最后是公司的股东。因此，对投资者来说，夹层资本的风险介于债务和普通股之间。

常见的夹层资本形式包括含转股权的次级债（subordinated debt with warrants）、可转换债（convertible debt）和可赎回优先股（redeemable preferred equity）。因此，夹层资本的收益也介于优先债务和股本之间。

杠杆收购（leveraged buyout，LBO）

杠杆收购又称融资并购、举债经营收购，是一种企业金融手段，指公司或个体利用收购目标的资产作为债务抵押，收购此公司的策略。杠杆收购的主体一般是专业的金融投资公司，投资公司收购目标企业的目的是以合适的价钱买下公司，通过经营使公司增值，并通过财务杠杆增加投资收益。通常投资公司只出小部分的钱，资金大部分来自银行抵押借款、机构借款和发行垃圾债券，以被收购公司的资产和未来现金流量及收益作担保并用来还本付息。如果收购成功并取得预期效益，贷款者不能分享公司资产升值所带来的收益（除非有债转股协议）。在操作过程中可能要先安排过桥贷款（bridge loan）作为短期融资，然后通过举债（借债或借钱）完成收购。收购后，再通过经营管理剥离不良资产、裁员、改善现金流，等基本面好转，股价上涨后，抛售资产而大赚一笔，还清债务。在杠杆收购中，一个繁荣的垃圾债券市场能帮助很多小企业完成小鱼吃大鱼的举措。

四、思考与分析

（1）试述MBO发起及成功实现的条件。

（2）试述垃圾债成功发行的条件。

（3）你怎么看待KKR操作的雷诺兹-纳贝斯科公司收购案？

第三节　美国次贷危机资产证券化狂潮案

导言

2008年爆发的美国次贷危机是继1998年美国金融危机以来，全球发达国家金融系统爆发的规模最大和程度最深的危机。迄今为止，次贷危机已经造成美国和欧洲数十家次级抵押贷款供应商破产，并且其危机影响一直延续至今。

这次席卷全球的次贷危机通常被认为是次级贷款、流动性过剩、过度消费、道德风险、政府金融监管缺失等导致的后果，也有人认为其根源是资本主义生产方式。笔者认为，这些说法都各有道理，不良的贷款是危机发生的最底层原因，而次级贷款的资产证券化则是导致危机迅速蔓延的技术机制。

一、案例简介

（一）次贷贷款的大规模发放

美国自2000年IT产业泡沫破灭后，房地产信贷的扩张成为金融业发展新的增长点。低利率政策便利了美国中低收入家庭的房产贷款，与此同时，衍生金融产品的创新为放贷的发放提供了便利性，并增加了房地产等中长期贷款的流动性。20世纪90年代中期，由于估价风险的技术创新减少了进行信用评估与风险管理的成本，贷款机构将目光由优质的抵押贷款转向信用记录较差的次优抵押贷款人群，次级房贷迅速发展。

（二）次贷危机的爆发

次级抵押贷款违约率上升造成的第一波冲击，针对的是提供次贷的房地产金融机构。房地产金融机构不可能将所有抵押贷款证券化，它们必须承受违约成本，因为债权停留在自己资产负债表上而未实施证券化。以2007年4月美国第二大次贷供应商新世纪金融公司申请破产保护为代表，大量的次贷供应商纷纷倒闭或申请破产保护。

第二波冲击，针对的是购买信用评级较低的MBS、CDO的对冲基金和投资银行。抵押贷款违约率上升导致中间级或股权级MBS、CDO的持有者不能按时获得本息偿付，造成这些产品的市场价值缩水，恶化了对冲基金和投资银行的资产负债表。对冲基金面对投资人赎回、商业银行提前回收贷款的压力，以及中介机构追加保证金的要求，被迫抛售优质资产，甚至破产解散。

第三波冲击，针对的是购买信用评级较高的 MBS、CDO 的商业银行、保险公司、共同基金和养老基金等。当较低级别的 MBS、CDO 发生违约，评级机构也会对优先级产品进行重新评估，调低其信用级别。尤其对商业银行而言，不仅所持优先级产品市场价值缩水，对冲基金用于申请贷款而作为抵押品的中间级和股权级 MBS、CDO 也发生更大程度的缩水，造成银行不良贷款比重上升。

次级房贷的迅速发展，得益于这一时期美国经济的升温，而也正是这一时期房价的持续升温和房地产的一时繁荣，让这些房贷机构忘乎所以，忽略了次级房贷的潜在的巨大风险。在这种"一派大好"的形势下，金融机构视次级房贷为优质资产而不遗余力地大肆扩张，致使许多本来无意购房的弱势群体成为次级房贷的消费者，同时也成为这次次贷危机最严重的受害者。

宽松的贷款资格审核成为房地产交易市场空前活跃的重要推动力，同时也为危机的爆发埋下了隐患，而这一隐患随着美联储的 17 次加息、美国经济的降温和房地产价格的急剧下跌最终爆发。原因是在次级房贷债券的销售过程中，次级房贷机构为了转移风险，把次级抵押贷款打包成债券销售给投资者，而由于在债券发行过程中信息不够透明，或者由于发行债券的金融机构故意隐瞒一些对发行不利的信息，债券投资者无法确切了解次级放贷申请人的真实还贷能力，一旦债券投资者发现借款者无力还款，自己持有的以房屋抵押贷款为证券化标的债券可能贬值，必然因为恐慌而急于抛售赎回。这样势必导致次级房贷这一金衍生链条的断裂，而构成这一链条的金融机构众多，特别是购买次级房贷债券的金融机构和个人投资者遍及世界各地。那么，链条断裂而形成世界性的危机就不足为奇了。

二、案例分析

（一）次贷危机爆发的原因

1. 贷款机构风险控制不到位

2001—2004 年，美联储实施低利率政策刺激了房地产业的发展，美国人的购房热情不断增加，次级抵押贷款成了信用条件达不到优惠级贷款要求的购房者的选择。

放贷机构间竞争的加剧催生了多种多样的高风险次级抵押贷款产品。如只付利息抵押贷款，它与传统的固定利率抵押贷款不同，允许借款人在借款的前几年中只付利息不付本金，借款人的还贷负担远低于固定利率贷款，这使得一些中低收入者纷纷入市购房。但在几年之后，借款人的每月还款负担不断加重，从而留下了借款人日后可能无力还款的隐患。

一些贷款机构甚至推出了"零首付""零文件"的贷款方式，即借款人可以在没有资金的情况下购房,且仅需申报其收入情况而无需提供任何有关偿还能力的证明,如工资条、完税证明等。宽松的贷款资格审核成为房地产交易市场空前活跃的重要推动力,但也埋下了危机的种子。

总的来说,在美国,许多放贷机构认为,住房价格会持续上涨,于是在贷款条件上要求不严甚至大大放宽,降低信贷门槛、忽视风险管理,如不要求次级贷款借款人提供包括税收表格在内的财务资质证明,做房屋价值评估时,放贷机构也更多依赖机械的计算机程序而不是评估师的结论等。最终导致需求方过度借贷,多年来累积下了巨大风险。

2. 预期之外的加息

美联储连续17次加息,联邦基金利率从1%提升到5.25%,是次贷危机爆发的直接导火索。利率大幅攀升不仅加重了购房者的还贷负担,还使美国住房市场开始大幅降温,房价持续走低,这些事件的发生都在贷款公司的意料之外。

在进行次级抵押贷款时,放款机构和借款者都认为,如果出现还贷困难,借款人只需出售房屋或者进行抵押再融资就可以了。但事实上,由于美联储连续17次加息,住房市场持续降温,借款人很难将自己的房屋卖出,即使能卖出,房屋的价值也可能下跌到不足以偿还剩余贷款的程度。这时,很自然地会出现逾期还款和丧失抵押品赎回权的案例。利率一旦大幅增加,必然引起对次级抵押贷款市场的悲观预期,次级市场就可能发生严重震荡,这就会冲击贷款市场的资金链,进而波及整个抵押贷款市场。与此同时,房地产市场价格也会因为房屋所有者止损的心理而继续下降。两重因素的叠加形成马太效应,出现恶性循环,加剧了次级市场危机。

连续的降息使次级抵押贷款市场风险立即暴露出来,而美国信贷资产证券化程度又很高,风险很快就传递到整个债券市场以及欧美、日本市场。

3. 资产证券化的蔓延加大了危机广度、深度和传播速度

美国住房市场在超低利率刺激下的高度繁荣,刺激次级贷款市场迅速发展,市场对次级贷款的盲目乐观加上信用评级机构的欺骗性评级及监管机构的软监管配合金融机构的逐利贪欲,使得基于次级贷款的资产证券化产品迅猛发展。为了补充因次级贷款的大量发放而缺乏的运营资金,具备资格的金融机构热衷于将未来才能收回的次级贷款作为基础资产发行资产支持证券也即资产证券化产品筹集资金,而这些资产证券化产品出于同样的目的又进一步被作为基础资产发行二层资产支持证券,这样周而复始,结果形成了庞大的多层次资产支持证券。当然,最底层的基础资产毫无疑问都是次级贷款。也就是说,投资者投资的这些资产证券化产品,最终还款来源都是次级贷款还款的现金流。一旦经济萧条使得贷款人收入减少甚至失业,则必然使住房抵押次级贷款的偿还出现问题,于是需要处置住房抵押物,但是如果此时房地产市场低迷、房产价格走低,则必然

造成各大金融机构通过资产证券化筹集的资金无法按时足额偿还,于是资产证券化产品价格暴跌,金融机构损失惨重甚至倒闭,金融危机形成。次贷危机爆发前的 2007 年左右正是美国经济萧条、房地产市场低迷的阶段。因此,在 2007 年之后,一切危机表现便在其内在逻辑的作用下触发。

另外,资产证券化运作的原则之一是杠杆操作。通常,实施资产证券化的金融机构——从抵押贷款公司到投资银行及其他相关金融机构,都采取高杠杆经营策略,因为它们通过高杠杆操作获取巨额利润。而杠杆经营的特点是:盈利时,收益随杠杆率成倍放大;亏损时,损失同样是按杠杆率成倍放大。于是,高杠杆必然伴随高风险。通过风险传导机制,次级贷款的风险将从抵押贷款市场传递到资产证券化市场,并在衍生产品的形成和逐步深化过程中不断放大。很显然,这种逐步累积的风险一旦爆发,将带来次级贷款衍生的资产证券化链条的巨大危机。特别是处于次级资产证券化末端的对冲基金的衍生品的杠杆操作,使得风险敞口更加惊人,在出现流动性紧缺情况下,通过债务链条传导引起整个金融市场的危机。在美国次级债券危机爆发前,由于市场盲目追捧次级贷资产证券化,次级债券衍生品的交易规模迅速扩张,并且逐渐与实体经济相脱节。

三、案例总结

我国在 20 世纪 90 年代就开始了资产证券化的实践探索。比如,1992 年海南三亚发行地产投资券,1996 年珠海高速公路证券化,2000 年中集集团应收款证券化,2003 年 1 月信达资产管理公司聘请德意志银行为其 25 亿元的债券进行离岸操作,2003 年 3 月华融资产管理公司通过信托方式将 132.5 亿元的不良资产转移给中信信托通过"信托分层"进行处置等。这些案例都贯穿了资产证券化的基本理念,但这些实践大多是通过离岸的方式运作的,而且还仅是具有资产证券化的某些特征,远远不是真正意义上的资产证券化产品。

我国真正意义上的资产证券化交易实践是从 2005 年正式开始的,其标志是 2005 年 8 月中国联通发行的 CDMA 网络租赁费收益计划、2005 年 12 月中国建设银行发行的建元 2005-1 住房抵押贷款证券化以及国家开发银行发行的国开元 2005-1 信贷资产证券化。

美国次贷危机对中国证券化进程有以下几方面的启示。

(一) 在证券化过程中加强对信用风险的管理

仔细分析一下美国抵押贷款和次级抵押贷款债券市场的问题后就会发现,证券化本身并非"罪魁祸首",祸根是:在房地产市场持续繁荣的背景下,放贷机构为了追求高收益向那些风险很高、还款能力比较差的人发放了高利率的"次级抵押贷款"。因此，银行要关注贷款的资质和信用风险，信用评级机构要在评级过程中严格审查，有关部门也应通过法律或者规章制度对证券化的流程进行严格约束。

说到底，资产证券化风险的管控最重要的一个环节便是作为资产证券化产品的基础资产，或者说是抵押品质量的管控，因此，所有资产证券化产品发行机构都必须对作为证券发行抵押的基础资产的风险进行最严格审查。

（二）中国的资产证券化进程不能因次贷风波停止和缓行

次贷危机的产生是因为风险的控制不当，资产证券化不仅不是风险源，恰恰相反，它还有利于分散银行信贷风险，能防止房地产市场风险向金融体系高度聚积。因此，资产证券化应当是未来的发展方向。建议在完善市场监管的基础上，建立金融风险的转移、转嫁、分担、分散机制，从而使资产证券化正常地运转，与此同时国民也可以分享房地产行业高成长性带来的收益。

（三）资产证券化产品的投资必须更加谨慎

从这个案例中，我们还发现，恶意的资产证券化，比如把严重不良的资产和未来现金流作为资产证券化的基础资产，就有可能制造重大的危机，因为这种基础资产大概率会使得以其为支撑的证券化产品的未来兑现出现重大危机。这值得投资者高度注意。对于资产证券化产品的投资应该特别审慎，投资之前应该对资产证券化产品做周密的尽职调查、穿透底层资产进行观察。

 术语解析

次级贷款

次级贷款也称次级抵押贷款，它是指一些贷款机构向信用等级差、收入水平低的借款人提供的贷款。在本案例中特指房地产领域的次级抵押贷款。

次级贷款有以下基本特征。

（1）个人信用评级得分低。美国的信用评级公司（FICO）将个人信用评级分为五等：优（750~850分）、良（660~749分）、一般（620~659分）、差（350~619分）、不确定（350分以下）。次级贷款的借款人信用评分多在620分以下，除非个人可支付高比例的首付款，否则根本不符合常规抵押贷款的借贷条件。

（2）借款人入不敷出。美国的常规抵押贷款与房产价值比（LTV）多为80%，借款人月还贷额与收入之比在30%左右。而次级贷款的LTV平均在84%,有的超过90%,甚至100%,这意味着借款人的首付款不足20%,甚至是零首付,那么,在没有任何个人自有资金投入的情况下,银行就失去了借款人与银行共担风险的基本保障,其潜在的道德风险是显而易见的。借款人还贷额与收入比过高,意味着借款人收入微薄,还贷后可支付收入有限,其抗风险的能力也比较弱。

(3) 利率高。由于次级抵押贷款的信用风险比较大,违约风险是优级住房贷款的7倍,因此,次级贷款的利率比优级住房抵押贷款高350个基点,且次级抵押贷款90%左右是可调整利率抵押贷款。这类抵押贷款开始还贷款负担较轻、很诱人,但积累债务负担较重,特别是当利率走高、房价下跌时,重新融资只能加剧还贷负担。

(4) 拖欠率高。次级抵押贷款的拖欠率(拖欠30天)和取消抵押赎回权的比率远远高于优级抵押贷款的拖欠率和取消抵押赎回权比率。

资产证券化

资产证券化是指将缺乏流动性但能够产生可预见的稳定现金流的资产,通过一定的结构安排,对资产中风险与收益要素进行分离与重组,并以这些资产为担保发行可在二级市场上交易的固定收益证券,据以融通资金的技术和过程。其主要特点是将原来不具有流动性的融资形式变成流动性的市场性融资。

根据产生现金流的资产类型不同,资产证券化可以划分为资产支持证券(ABS)和住房抵押贷款证券(MBS)。MBS在美国次级房贷市场上大量发行,其流程可以划分为以下八个部分。

(1) 商业银行发起次级抵押贷款,并根据证券化目标形成贷款组合。

(2) 组建特殊目的载体(special purpose vehicle,SPV),实现资产组合的"真实出售"并建立"风险隔离"机制。

(3) 进行信用增级,提高证券化之资产的信用等级,从而改善发行条件,吸引更多的投资者。

(4) 由信用评级机构对未来资产能够产生的现金流进行评级以及对经过信用增级后的拟发行证券进行评级,为投资者提供证券选择的依据。

(5) 安排证券销售,向发起人支付购买价格。

(6) 证券挂牌上市交易。

(7) 发起人要指定一个资产池管理公司或亲自对资产池进行管理,负责收取、记录由资产池产生的现金收入,并将这些收款全部存入托管行的收款专户。

(8) 支付证券。按照证券发行时的约定，待资产支持证券到期后，由资产池产生的收入在还本付息、支付各项服务费之后，若有剩余，按协议规定在发起人和 SPV 之间进行分配，整个资产证券化过程即告结束。

四、思考与分析

（1）美国次贷危机对我国资本市场的发展有何启示和借鉴？
（2）试述美国次贷危机引发的资产证券化机制。
（3）试述资产证券化产品的投资策略。
（4）请以某幢商业大楼为基础资产设计资产证券化方案。

第四节　华尔街新宠 SPAC

导言

SPAC 成立的目的是收购一家未上市的公司，为这家公司提供融资服务，使这家公司迅速实现上市，为 SPAC 的发起人和投资人实现投资回报。

SPAC 在完成 SPAC 并购交易之前为空壳公司，其自身不存在任何其他业务。SPAC 上市与一般公司上市程序基本相同，需要首先向美国证券交易委员会（SEC）备案，在通过 SEC 审核后，进行路演并最终以包销（firm commitment）的承销方式公开发售。

SPAC 上市后把资金存入一个信托监管账户，在 SPAC 并购交易完成后得以释放，在这期间，SPAC 用不超过两年的时间寻找并购目标，特殊情况下可以延长并得到股东批准，否则面临清算并将托管账户内的资金全部返还至 SPAC 股东。

SPAC 的招股书中会写明其标的并购公司的行业和地域，但是不能在上市前锁定目标公司。如果 SPAC 在上市前已经接触目标公司，需要在招股书中披露目标公司的相关信息。

SPAC 上市速度较快，因为 SPAC 为新成立的空壳机构，没有历史财务数据和资产负债需要审核，风险较小，成立后最快 1 个月内就可以向 SEC 申请上市。上市登记程序也较为简单，一般主要是公司介绍和董事、高管简历。SEC 对于 SPAC 审核也较为简单，一般通过 SEC 审批后 15 日内，就可以完成上市。SPAC 注册费用较低，只需 25 000 美元，就能成立一个 SPAC。

SPAC 的创始人和高管，一般都是由多年投资银行或者有行业经验的高管。SPAC 的高管和董事通常不会在 SPAC 并购交易完成前领取工资，亦不会就 SPAC 并购交易成功领取奖金或其他酬劳。管理团队的收益在于拥有 SPAC 的 20% 的股权，这部分股权将在并购标的上市后退出，从而获得相应收益。

SPAC 的常见投资人主要为机构投资人，SPAC 的股东通常为公众投资人。

SPAC 并购交易实质上是一家上市公司与一家非上市公司的合并。因此，一般上市与非上市公司间合并所面临的诸多商业及法律问题也会在 SPAC 并购交易中涉及。在 SPAC 完成收购之后，SPAC 可以像纳斯达克或者纽交所正常的股票一样进行交易。最后，SPAC 的代码和名称很大可能性会进行更改，以反映出已并购的公司。这对被并购的公司在市场推广、品牌推广上有一定的帮助，否则大家可能认为那家公司突然间消失了。但是更名和更改股票代码也并不是绝对的，如果真的更改了，那么所有持仓的普通股和认股权证，都将自动转换为新的名称和代码。

一、案例简介

谈到 SPAC，就要谈到 SPAC 的著名投资人卡马斯与 Social Capital Hedosophia（SCH）。卡马斯曾经担任过 Facebook 副总裁，在 2011 年成立了 SCH。他在 2020 年度社会资本官网的年度公开信中，给出了公司这 9 年的收益率，总收益达到了 1 441%，而同期标准普尔 500 为 248%（表 7-1）。

表 7-1 截至 2020 年 12 月 31 日 SCH 的年化收益率

年份	内部收益率总额	标准普尔 500 指数（包括股息）
2011—2018	29.4%	11.2%
2011—2019	32.9%	13.4%
2011—2020	33.0%	13.9%
总增益	1 441%	248%

这里列举社会资本的两个 SPAC 作为案例进行阐述。

（一）IPOA

2019 年 10 月 25 日，SCH 发布公告称与垂直整合的航空航天公司维珍银河（VG）完成业务合并。由此产生的公司被命名为维珍银河控股公司（VGH），其普通股,单位和认股权证预计将在纽约证券交易所开始交易,新股票代码为"SPCE"。维珍银河是 2017 年 5 月 5 日成立的航空航天公司,为个人和研究人员开创了载人航天事业,同时也是先进航空航天飞行器的制造商。

VGH 已经拥有来自 60 个国家的 600 多个客户订单,总收取的存款约为 8 000 万美元,潜在收入超过 1.2 亿美元。此次合并是建立蓬勃发展的商业服务业务和进行适当投资的道路上的一个里程碑。

SPCE 上市后的股价走势见图 7-9。

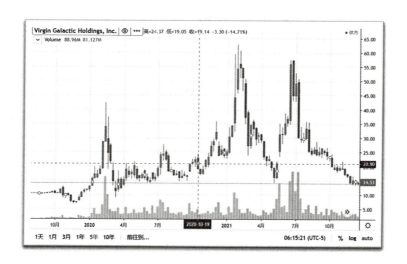

图 7-9　SPCE 上市后的股价走势
(资料来源:雅虎财经。)

(二) IPOB

SCH 在 2020 年 12 月合并了开门科技(Opendoor Technologies),交易于 2020 年 12 月 21 日在纳斯达克开始,普通股的新股票代码为"OPEN",认股权证为"OPENW"。

Opendoor Technologies 是一家总部位于旧金山的住宅房地产的领先数字平台,公司成立于 2014 年。它以一种全新的、非常简单的买卖房屋方式,重建整个消费者房地产体验,使客户在移动设备上就可以完成房屋的买卖,大大提高了交易的便利性,改变了人们的生活方式。

Opendoor Technologies 将从交易中筹集约 10 亿美元,以推动增长,市场扩张和新产品的开发,并加速公司在全国范围内扩张的计划,并建立第一个数字一站式商店来买卖房屋。Opendoor Technologies 上市后的股价走势见图 7-10。

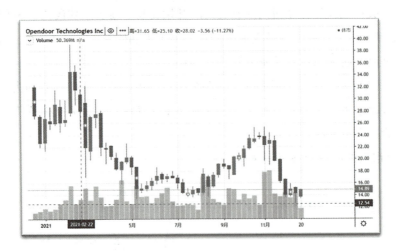

图 7-10　Opendoor Technologies 上市后的股价走势
（资料来源：雅虎财经。）

二、案例分析

（一）SPAC 特点

（1）高回报。SPAC 投资的阶段为企业发展初期，很多小微型企业有很好的想象空间，但是没有盈利，更别提现金流。SPAC 公司为这类独角兽公司提供了快速上市的机会，在企业上市后会有极高的投资回报率，一般十倍起，甚至百倍。

（2）与传统募集基金方式相比，SPAC 募资的流程更简单。

（3）SPAC 先上市，然后收购标的公司。标的公司上市确定性大。传统的 IPO 上市要经过美国证券交易委员会漫长的审核过程，往往需要 1~2 年，还有被否决的风险。

（二）SPAC 上市与借壳上市的区别

SPAC 上市与借壳上市有所区别。SPAC 本身为空壳公司，并无实际业务，属于先行造壳和资金募集的工具，之后由 SPAC 对私有公司进行并购，并最终使并购对象成为上市公司。

借壳上市中的壳公司通常为有实际业务、但因经营不善而有退市意愿的上市公司，由私有公司收购上市壳公司，从而完成上市，而无需经过 SEC 审批程序。

（三）SPAC 交易上市与传统 IPO 上市的比较优势

SPAC 适合轻资产，没有现金流的高科技公司，而且规模不大，急于现金帮助企业快速发展的公司。

传统 IPO 上市适合已有一定规模并且有稳定的现金流公司。SPAC 往往资金并不大，只能收购一些小规模的企业，无法收购大公司。就投资回报率来说，大公司也不是 SPAC 的标的。

SPAC 对公司内部知情人（insider）的锁定期更短。一般而言，传统 IPO 上市的锁定期为上市后 6 个月，而 SPAC 交易上市的锁定期为上市后 6~12 个月。

（四）SPAC 的股权结构

按照目前的市场惯例，SPAC 发起人所持每一投资单元包括 1/2 认股权证；SPAC 公众股东所持每一投资单元包括 1/2 或 1/3 认股权证。

每一认股权证的行权价格为投资单元价格的 115%~120%。按照每一投资单元 10 美元计算，则每一认股权证的行权价格为 11.5 或者 12 美元。

认股权证行权时限始于 SPAC 并购交易完成后 30 日或 SPAC 上市后 12 个月中较后日期，终于 SPAC 并购交易完成后 5 年之日，但在股东选择赎回或 SPAC 清算时可提前终止行权。

在特定条件下，SPAC 可在认股权证行权期限终止前，强制赎回认股权证。

认股权证将稀释参与定向增发的投资人及 SPAC 并购目标公司原股东在 SPAC 并购交易完成后的持股比例。

（五）发起人所持股份及认股权证

在 SPAC 上市之前，SPAC 发起人会以极低的对价（通常为 25 000 美元）认购发起人股份，就大部分 SPAC 而言，其发起人持股在 SPAC 上市后将占届时 SPAC 总股份的约 20%。

发起人股份在 SPAC 并购交易交割时通常以 1∶1 的比例转换为合并后的上市公司的公开股份。

SPAC 发起人通常会放弃其所持股份所享有的赎回和清算的权利，并承诺在 SPAC 并购交易时投支持票，目的在于使 SPAC 并购交易获得所需的多数股东批准而顺利完成交易。

在 SPAC 上市前，SPAC 发起人还将通过定向增发购买发起人认股权证，金额约为 SPAC 上市募集资金总额的 3%，即发起人"风险资金"，用于支付承销商在 SPAC 上市时收取的费用及其他 SPAC 费用。如果公司没有在指定期限内完成并购，则必须向投资人偿还这个发行价 10 美元，同时，认股权证将直接作废，变得一文不值。

三、案例总结

SPAC 在 20 世纪 90 年代首次出现，但起初的影响并不大，大部分的企业仍然会选择传统的 IPO 方式。直至 2004 年，SPAC 的 IPO 数量开始迅速上涨，至 2008 年因为金融危机的影响，SPAC 的 IPO 活动一度停歇，之后逐步修复增长。越来越多的知名机构作为承销商加入其中，如高盛、花旗、瑞士信贷。知名投行的丰富经验和资源池，大大提高了 SPAC 的受信任和追捧的程度，甚至对撮合 SPAC 与企业也起到了重要作用。另外，SEC 为了刺激经济，在 2020 年也放宽了 SPAC 的监管标准。根据高盛的数据，2020 年创下了史无前例的 IPO 次数及规模，总共融资 1 400 亿美元，其中 SPAC 上市达到了 730 亿美元（见图 7-11）。

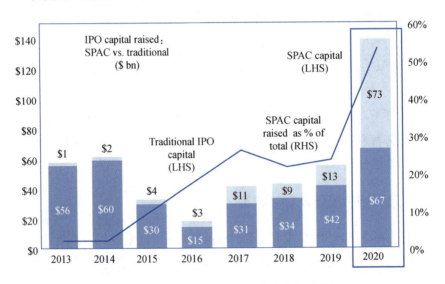

图 7-11　SPAC 和传统 IPO 的资本金对比
（资料来源：高盛研究报告。）

 术语解析

SPAC（special purpose acquisition company）
　　特殊目的收购公司。

投资单元（unit）
　　SPAC 通常发行投资单元。投资单元的发行价一般为 10 美元，每一投资单元包含一股普通股及部分认股权证（warrants）。在 SPAC 上市一段时间之后（如 90 日），投资单元中的普通股与认股权证可分开交易。

> **普通股**
>
> SPAC 一般只发行两类普通股：A 类普通股与 B/F 类普通股。
>
> SPAC 向公众发行的投资单元中包含的普通股称为"公开股份"，通常为 A 类普通股。相应地，SPAC 向 SPAC 发起人发行的普通股称为"发起人股份"，通常为 B 或 F 类普通股。这两类普通股在投票时视为同一类别股票共同计算，享有的权利亦大致相同。最大的区别在于，B/F 类普通股通常会享有反稀释权，且仅 B/F 类普通股有权在 SPAC 并购交易完成前指派或罢免 SPAC 的董事。
>
> **认股权证**
>
> 认股权证可在规定时间内行权用以购买普通股，为 SPAC 股东提供了其投资的潜在升值空间。

四、思考与分析

（1）投资 SPAC 的风险和收益有哪些？

（2）如何挑选 SPAC 股票？

（3）选择 SPAC 股票后怎样获利最大？

· 第三篇 ·

资本运作实战总结与强调

本书至此已介绍了预先设计的全部典型案例，包括了从以个人为主体的资本运作案例、企业为主体的资本运作案例到以政府为主体的资本运作案例，除此之外，还介绍了几个国际资本运作案例，从这些案例中我们能够发现，进行资本运作，拥有必要的原始资本、掌握资本运作专业知识是最起码的条件，然后还需要资本运作发起者具备足够的智慧，善于发现资本运作链条各个利益主体的利益诉求，并能设计巧妙的链式行动方案进行实施。

其实，进行资本运作，掌握专业知识、专业技能并具备足够智慧只是进行成功资本运作的基础要素，而并不是最重要、最关键的要素，最重要、最关键的要素是胆魄和强大的执行能力，如果没有足够的胆魄及不屈不挠的执行力，不要说资本运作取得成功，甚至连资本运作行动启动的可能性都没有，事实上，在中国有专业知识和一定智慧的人士成千上万，但在资本市场上叱咤风云的人却极少，所以如果期待在资本市场上取得辉煌成就，还得培养造就自己果敢坚毅的性格。

最后需要强调的是，资本运作的底层利益逻辑是相关各方共赢，而不是以损害他方利益为手段获取自身利益的满足，如果所谓资本运作发起者的初衷就是以他方利益的损失换取自身利益的获得，那么这并不是真正资本运作的含义所在，任何资本运作都应该在遵守法律法规、不损害相关方利益的条件下实施。

参考文献

[1] 搜狐官网. https://intro.sohu.com/manage[EB/OL]. 2021-02-20.

[2] 猎云网. https://lieyunwang.com/archives/62328[EB/OL]. 2014-11-24.

[3] 美邦服饰. 2015年半年度报告[EB/OL]. choice金融终端, 2015-8-28.

[4] 美邦服饰. 2014年度报告[EB/OL]. choice金融终端, 2015-4-1.

[5] 钱锋. 美邦服饰周成建"危险的自救":徐翔周成建不归路[N]. 中国经营报, 2019-10-18.

[6] 腾讯控股. 腾讯控股资料-概况-高管-刘炽平[EB/OL]. choice金融终端.

[7] 腾讯控股. 腾讯控股资公告[EB/OL]. choice金融终端.

[8] 乐视网. 澄清公告[EB/OL]. choice金融终端, 2018-3-1.

[9] 乐视网. 关于大股东股权质押违约处置的预披露公告[EB/OL]. choice金融终端, 2018-9-19.

[10] 洪波. 国美电器香港借壳上市案例分析[D]. 厦门大学, 2005.

[11] 上海高级人民法院网站. (2018)沪01执1095号之二十六《执行裁定书》[EB/OL]. 2018-8-26.

[12] 杨青, 张剑宇, 华凌昊. 兼并与收购:中国式资本之道[M]. 上海:复旦大学出版社, 2019.

[13] 宏源证券. 关于申银万国证券股份有限公司换股吸收合并本公司事宜的提示性公告[EB/OL]. choice金融终端, 2014-12-20.

[14] 王明夫, 王丰. 高手身影:中国商业原生态实战案例[M]. 北京:机械工业出版社, 2008.

[15] 多伦股份. 多伦股份更名完成工商变更登记公告[EB/OL]. choice金融终端, 2015-6-19.

[16] 多伦股份. 多伦股份关于上交所问询函及回函的公告[EB/OL]. choice金融终端, 2015-5-11.

[17] 多伦股份. 多伦股份股票交易异常波动公告[EB/OL]. choice金融终端, 2015-5-30.

[18] 和君商学. 2015年度报告[EB/OL]. choice金融终端, 2016-4-29.

[19] 和君商学. 2018年半年度报告[EB/OL]. choice金融终端, 2018-8-28.

[20] 兰小欢. 置身事内,中国政府与经济发展[M]. 上海:上海人民出版社, 2021.

[21] 陈民, 陈非迟. 解密轨道交通PPP[M]. 北京:北京交通大学出版社, 2016.

[22] 朱灯花. 每投必中?合肥靠什么问鼎中国最牛"风投"城市[N]. 长三角日报, 2020-6-23.

[23] 吴少龙,张淑贤.地方招商渐趋"拨改投"十万亿引导基金剑指产业升级[N].证券时报,2022-2-09.

[24] 谭啸.改组组建国有资本投资、运营公司的思考与建议,中国发展研究[J].2020(Z1):53-56.

[25] 林华,中国REIT操作手册[M].北京:中信出版集团,2018.

[26] 国务院.国务院关于积极稳妥降低企业杠杆率的意见[EB].(2016-10-10).[2023-11-30]. https://www.gov.cn/zhengce/content/2016-10/10/content_5116835.htm.

[27] 云南锡业集团(控股)有限责任公司.云锡概况[EB].[2023-11-30]. http://www.ytc.cn/bnyx1/yxgk.htm.

[28] 银通资讯.中国建设银行对云锡集团市场化债转股案例[EB].(2020-12-11).[2023-11-30]. https://mp.weixin.qq.com/s/Jhhed5tH0_QwqJuXrsDMjg.

[29] 屈炜杰.运用市场化债转股改善有色金属企业经营情况的研究——以云锡集团债转股为例[J].区域金融研究,2018,(12):58-65.

[30] 吴言.建行百亿资金助力云锡——全国首单市场化债转股花落地方国企[J].中国有色金属,2016,(21):60-61.

[31] 朱曼.市场化债转股支持国企改革的路径方式[J].中国总会计师,2022,(10):75-77.

[32] 吴涛,唐德红,杨继瑞.地方政府债务风险化解的主要模式:特征、困境与破解[J].金融理论与实践,2021,(5):28-41.

[33] JOSH LERNER. The problematic Venture Capitalist[J]. Science, New Series, 2000, 287(5455):977-979.

[34] JOSH LERNER. Venture Capitalists and the Oversight of Private Firms[J]. Journal of Finance, 1995, 50(1):301-318.

[35] 张陆洋,沈仲祺.中国风险投资创新与探索研究[M].上海:复旦大学出版社,2012:217-224.

[36] 张陆洋.风险投资发展国际经验研究[M].上海:复旦大学出版社,2011:3-21.

[37] 卓悦,陈德锦,毛家杰.美国政府支持小企业投资公司的政策和经验[J].中国软科学,1999(11):117-119.

[38] 任黎鸿,万里霜.世纪之战:KKR收购雷诺——纳贝斯克[J].中外企业家,1997(11):24-25.

[39] KKR何以杠杆收购雷诺[J].资本市场,2016(Z2):70-83.

[40] 田轩,朱宁,陈卓.海外杠杆收购市场的发展状况及对中国市场的启示[J].清华金融评论,2016(S1):37-55.

[41] 周秀.论我国杠杆收购与资本市场之间的关系[D].西南财经大学,2007.

[42] 李子白.投资银行学[M].清华大学出版社,2005.

[43] 聂无逸.SPAC带给我们的若干启示[J].现代金融导刊,2021(8):20-23.

[44] 王娴.SPAC 的探源与镜鉴[J].清华金融评论,2021(7):16-17.

[45] 汤欣,陈思含.SPAC 制度中投资者保护机制研究[J].证券市场导报,2021(9):70-79.

[46] 许荷东,卢一宣.美股 SPAC 上市、并购及并购后发展情况[J].清华金融评论,2021(7):29-32.

图书在版编目(CIP)数据

资本运作:理论、实务与案例精编/李经纬编著. —上海:复旦大学出版社,2024.8
(复旦博学. 经管案例库)
ISBN 978-7-309-17085-6

Ⅰ.①资… Ⅱ.①李… Ⅲ.①资本运作-研究 Ⅳ.①F830.59

中国国家版本馆 CIP 数据核字(2023)第 232609 号

资本运作:理论、实务与案例精编
ZIBEN YUNZUO: LILUN SHIWU YU ANLI JINGBIAN
李经纬　编著
责任编辑/于　佳

复旦大学出版社有限公司出版发行
上海市国权路 579 号　邮编:200433
网址:fupnet@fudanpress.com　http://www.fudanpress.com
门市零售:86-21-65102580　团体订购:86-21-65104505
出版部电话:86-21-65642845
上海华业装潢印刷厂有限公司

开本 787 毫米×1092 毫米　1/16　印张 10.75　字数 216 千字
2024 年 8 月第 1 版第 1 次印刷

ISBN 978-7-309-17085-6/F・3012
定价:30.00 元

如有印装质量问题,请向复旦大学出版社有限公司出版部调换。
版权所有　侵权必究